高等院校应用型课程特色教材

气排球基础教程

主　编／曾　黎　邹斌平　王金稳
副主编／刘继承　宋丕琴　陈利斌
陈彬彬　谢雄文　李建花

QIPAIQIU
JICHU JIAOCHENG

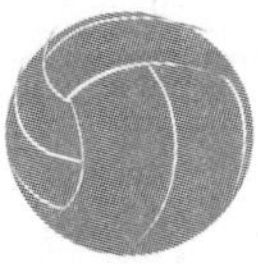

西南交通大学出版社
·成　都·

图书在版编目（CIP）数据

气排球基础教程 / 曾黎，邹斌平，王金稳主编. —
成都：西南交通大学出版社，2018.5（2025.1 重印）
高等院校应用型课程特色教材
ISBN 978-7-5643-6164-8

Ⅰ. ①气… Ⅱ. ①曾… ②邹… ③王… Ⅲ. ①排球运动－高等学校－教材 Ⅳ. ①G842

中国版本图书馆 CIP 数据核字（2018）第 091063 号

高等院校应用型课程特色教材
气排球基础教程

主　编／曾　黎　邹斌平　王金稳

责任编辑／李　伟
助理编辑／宋浩田
封面设计／墨创文化

西南交通大学出版社出版发行
（四川省成都市金牛区二环路北一段 111 号西南交通大学创新大厦 21 楼　610031）
营销部电话：028-87600564　　028-87600533
网址：http://www.xnjdcbs.com
印刷：四川森林印务有限责任公司

成品尺寸　185 mm × 260 mm
印张　10　　字数　247 千
版次　2018 年 5 月第 1 版　　印次　2025 年 1 月第 7 次

书号　ISBN 978-7-5643-6164-8
定价　33.00 元

课件咨询电话：028-81435775

PREFACE
前　言

气排球运动起源于20世纪80年代，是在我国土生土长的一项新型的群众性排球活动，集运动、休闲、健身、娱乐为一体，深受中老年人健身和青少年群体活动的喜爱。2017年，气排球已成为天津全运会19个群众体育比赛项目之一，具有广阔的市场发展前景。

本书是湖南人文科技学院校本教材，着眼于培育和发展气排球人口数量，促进高校气排球运动的普及推广。在本书编写过程中，编者注重理论与实践相结合，吸收我国排球统编教材的优点，汇集气排球运动最新发展动态，重点介绍了气排球运动的基础理论、教学训练方法，以及气排球竞赛编排和裁判工作与案例分析。每章节后有思考题，力求使本书具有科学性、知识性和实用性，满足气排球爱好者终身体育锻炼的需要。

本书由曾黎（湖南人文科技学院）、邹斌平（岳阳市第十四中学）、王金稳（湖南人文科技学院）担任主编，刘继承（湖南人文科技学院）、宋丕琴（湖南人文科技学院）、李建花（湖南人文科技学院）、陈利斌（新化县第一中学）、陈彬彬（新化县职业中专学校）、谢雄文（娄底市地税局）担任副主编。本书可作为体育专业学生气排球普修、大学体育气排球俱乐部的教材，也可供体育教师、气排球教练员、爱好者阅读。

由于编者水平有限，疏漏及不妥之处在所难免，敬请专家及读者批评指正。

编　者

2020年12月于娄底

CONTENTS 目 录

第一章
气排球运动概述

第一节　气排球运动的起源

气排球运动起源于 20 世纪 80 年代，是在我国土生土长的一项新型的群众性排球活动。1984 年，呼和浩特铁路局集宁分局为了开展老年人体育活动，在没有规则限制的情况下，组织离退休职工用气球在排球场上打着玩儿。由于气球过轻且易爆，他们将两个气球套在一起打，最后又改用儿童软塑球。参照 6 人排球简单的比赛规则，并将这种活动形式取名为“气排球”。

1991 年，在北京举行的全国铁路老年体育工作会议决定在铁路老年人中推广气排球。火车头体协依据排球规则，编写了第一本《气排球竞赛规则》。气排球“球”的特点使排球运动的技巧性降低，球的飞行速度减慢，来回球次数增多，击球方式增多，初学者对球的恐惧感消失，大大提高了比赛的趣味性和观赏性。

气排球运动是一项集运动、休闲、健身、娱乐为一体的群众性体育项目，作为一项新的体育运动项目，尤其适合中老年人健身和青少年群体活动的需要。2017 年，气排球已成为天津全运会 19 个群众体育比赛项目之一。

现在人们普遍用“宇生富 KWT6001”或“恒佳 7 号”比赛球。球的面料是一种柔软高密度合成格材质。圆周长一般为 72 ~ 78 cm，质量 120 ~ 140 g，气压为 0.15 ~ 0.18 公斤力/平方厘米（kgf/cm^2）（$1\ kgf/cm^2 \approx 98.07\ kPa$），一场比赛的用球必须是同一特性、同一品牌的球。

第二节　气排球运动的比赛方法与特点

一、气排球比赛方法

气排球运动是由两支人数相等的球队，在被球网隔开的两个均等的场区内，根据规则以身体任何部位将球从网上击入对方场区，而不让球在本方场区落地的，集体的、攻防对抗的体育项目。

比赛由后排右边站在 1 号位队员在发球区内用手将球击过球网开始（指发球方发球）。每局比赛开始时，当发球队胜一球后，1 号位位置上的队员便不能继续发球，场上队员按顺时针方向进行位置轮转，由下一名 2 号位位置上的队员发球；接发球队胜一球时，按每局预先登记在记分表上的发球轮次，全队队员先轮转一个位置（空轮），由下一名轮到后排右边 1 号位位置上的队员发球（即 2 号位位置上的队员发球）。发球队胜一球得 1 分，接发球队胜一球得发球权同时也得 1 分。

每方最多击球 3 次（拦网触球除外）使球过网。一名队员不能连续击球两次（拦网除外）。场上 5 名或 4 名队员分前后排站位。比赛采用每球得分制。

正式比赛一般采用 3 局 2 胜制。1 ~ 2 局采用 21 分制，即先得 21 分，并超出对方两分为胜。决胜局采用 15 分制，即先得 15 分，并超出对方两分为胜，两者均无最高分限制。

二、气排球运动的特点

（一）广泛的群众性

气排球场地设备较简单，既可设在室内，也可设在室外。气排球质量轻、体积大、球体柔软、简单易学，不会对身体造成伤害。其锻炼形式多种多样，规则容易掌握和变通。参加人数可多可少，运动负荷可大可小，适合于不同年龄、不同性别、不同体质和不同训练程度的人，在不同的环境下进行活动。

（二）技术全面性

在气排球比赛中，由于有位置轮转，每名队员都要参与进攻和防守，要求队员必须全面掌握各项攻防技术。比赛中每项技术既可得分，也有失分的可能，规则对队员击球次数、击球时间、球又不能落地都有严格的规定，决定气排球技术的运用应具备高度的技巧性。

（三）严密的集体性

气排球比赛中双方的攻防转换和竞争的焦点主要集中在扣球和拦网上。每次攻防的转换和战术组织，需要队员之间协调配合，共同完成，才能战胜对手，取得比赛的胜利，体现了严密的集体协作精神。

（四）高雅的休闲性

气排球运动不拘泥于形式，既可围圈嬉戏，又可进行 2 人或 3 人对抗比赛。该项目自身特殊的技术要求和竞赛特色、健身价值，使参加者乐在其中，尽情享受气排球运动带来的乐趣。比赛隔网进行，没有身体接触，比较文明，具有极高的娱乐性，是人们休闲娱乐的理想项目。

思考题

1. 何谓气排球运动？
2. 气排球运动的特点是什么？
3. 气排球运动比赛方法是什么？

第二章

气排球基本技术

第一节　气排球技术基本理论

一、气排球技术

气排球技术是指运动员在比赛规则允许的条件下采用的各种合理的击球动作和配合动作的总称。

气排球技术是战术的基础，制约着战术运用的质量；战术是技术的体现，是对技术的合理组织和创新应用。

二、气排球技术的特点

气排球技术主要有以下五个特点：第一，完成各种击球动作的时间短促。因此，要求队员必须快速、准确地完成击球动作并具有良好的“球感”。第二，各种技术动作都是球在空中飞行时完成的。从发球开始，球即进入空中飞行，要求队员有良好的空间、时间和位置感觉。第三，所有技术都是既能得分也能失分。如扣球成功即得分，扣球失误则失分。第四，大多数技术具有攻防两重性，如拦网、传球、垫球。第五，身体各部位都能触球。

三、气排球技术的分类

气排球技术分为无球技术和有球技术。无球技术主要是指准备姿势与移动、各种起跳、跑步和倒地动作。有球技术包括传球、垫球、发球、扣球和拦网五项技术。每项气排球有球技术都是由击球前动作、击球动作和击球后动作组成的。

四、气排球技术的运动学理论知识

（一）起动与制动

1. 起动

起动的目的是为了快速移动，以便占据场上的有利位置，为完成击球动作做好准备。起动的快慢与稳定角、蹬地力大小及蹬地角方向有直接关系，要求起动速度要快。

（1）稳定角：即支撑面两边缘相应两点与物体重心连线所形成的夹角，如图 2-1 所示。起动方向上稳定角越小，起动越快，相反则越慢。因此向移动方向倾斜重心，有利于快速起动。

（2）支撑反作用力的大小：支撑反作用力是在蹬地时地面施于人体的作用力，支撑反作用力越大，起动越快。

（3）蹬地角的大小：蹬地角是指在蹬地时支撑反作用力的作用线与水平方向的夹角，如图 2-2 所示，蹬地角越小，水平方向获得的分力越大，起动越快。

图 2-1

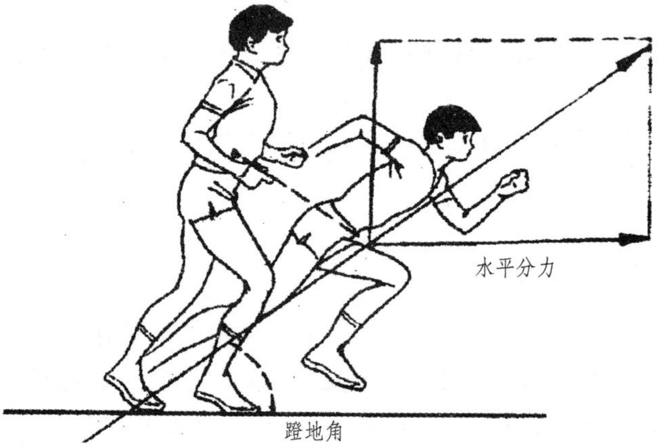

图 2-2

2. 制动

人体由运动到静止的过程叫作制动。制动时，最后跨出一大步，跨出脚蹬地，从而获得地面对人体的支撑反作用力，使身体移动速度减慢，直到静止，如图 2-3 所示。影响制动快慢的因素有两个：

（1）支撑反作用力的大小：支撑反作用力越大、制动越快。

（2）支撑反作用力与地面夹角的大小，夹角越小，制动越快，气排球运动中往往通过降低重心、上体后仰等动作制动。

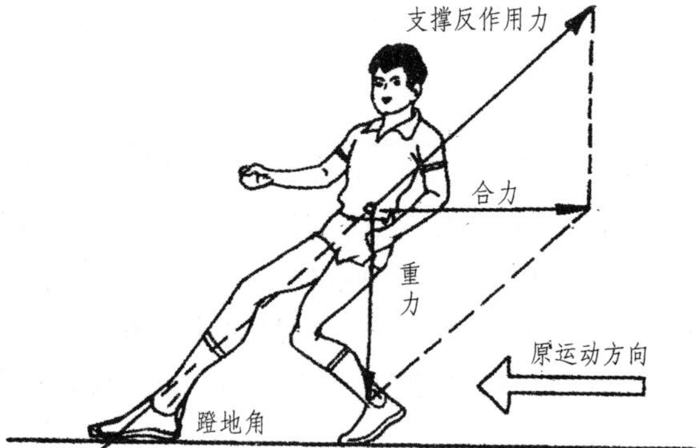

图 2-3

（二）起跳

起跳是为了获得高度和速度，充分发挥扣球和拦网的作用。弹跳力的高低，关键在于下肢各关节肌群的爆发力以及腰、腹力量的大小。起跳时通过下肢各关节肌群爆发式收缩、蹬伸以及上肢、上体向上的加速度运动，给地面作用力，从而产生反作用力作用于人体，使人向上跳起。

在气排球扣球技术动作中，分为向上起跳为主和向前起跳为主的扣球方式，要依据前后排位置差异选择合理的跳跃方向：向上起跳需增大制动减少向前的水平速度，增加垂直速度；而向前起跳则需减少制动增大水平速度，减少垂直速度。

（三）旋转球和飘球

旋转球主要应用于扣球、发球和打防技术中。通过手掌对球皮的摩擦，作用力不通过球体的重心，使球产生上、下、左、右的旋转。根据流体力学原理，流速快的地方压强小，流速慢的地方压强大，球体上下形成压力差，导致球加速向上旋转飞行。球体向上旋转越强，速度越快，落地越近，不易出界。

飘球主要用于发球技术中，作用力通过球体重心，使球不旋转地向前飞行。当球速下降到 5 ~ 10 m/s 及受到空气阻力和地心引力的影响时，会使球体产生飘晃和不规则下落。

（四）摆动动作

摆动动作主要是指起跳过程中两臂加速摆臂的过程，当两臂加速上摆时，可产生反作用力，通过踏跳腿肌肉用力作用于地面，从而增大踏跳力。摆臂的另一作用是使重心提高和带动上体以获得向上的加速度。

第二节　准备姿势与移动

准备姿势与移动是完成气排球传、垫、扣、发、拦等各项有球技术的前提和基础，对各项有球技术的运用起到了串联和纽带的作用。准备姿势与移动相辅相成，不能分割。

一、准备姿势

为了便于完成各种技术动作而采取的合理的身体姿势被称为准备姿势。合理的准备姿势是指既要使身体重心处于相对稳定的状态，又要便于移动和完成各种击球动作。一般按照身体重心的高低，将准备姿势分为三种：半蹲准备姿势、稍蹲准备姿势和低蹲准备姿势，如图 2-4 所示。常用的是半蹲准备姿势。

（一）半蹲准备姿势

1. 动作方法

两脚左右开立，比肩稍宽，一脚稍靠前，两脚尖稍内收。膝关节保持一定的弯曲，全身肌肉适当放松，含胸收腹，双手置于腹前，两眼注视来球，两脚保持微动。

2. 技术要点

屈膝提踵，含胸收腹，两脚微动。

图 2-4

（二）稍蹲准备姿势

身体重心比半蹲准备姿势稍高，动作方法基本相同，主要用于扣球和传球。

（三）低蹲准备姿势

身体重心比半蹲准备姿势低，重心靠前，肩关节的投影点超过膝，膝关节投影点超过脚尖，手置于胸腹之间。低蹲准备姿势主要用于后排防守和跟进保护前排队员扣球。

二、移动

人体从起动到制动的过程被称为移动。移动的目的主要是及时接近球，保持好合理的人球位置关系，以便击球。移动包括起动、移动步法和制动三个环节。

（一）起动

1. 动作方法

根据场上的具体情况，采取不同的准备姿势，随时变换身体重心，破坏准备姿势的平衡，迅速移动。以向前起动为例，在正确的准备姿势的基础上，迅速向前抬腿收腹，使上体向前倾出，后腿迅速用力蹬地，整个身体急速向前起动。

2. 技术要点

抬腿蹬地，破坏平衡。

（二）移动步法

1. 并步与滑步

首先做好半蹲或稍蹲准备姿势。当来球离身体较近，即 0.5 ~ 1 m 时，可采用并步移动。如向右并步，左脚用力蹬地，右脚向右侧方跨出一步，左脚迅速跟上，落在右脚左侧，做好击球准备。连续并步就是滑步，主要用于垫球、传球、拦网。

2. 交叉步

当来球在体侧约 2 m 时可采用交叉步移动。以向左交叉步为例，身体稍向左转，右脚从左脚前面向左交叉迈出一步，左脚再迅速向左跨出一大步，同时身体转向来球方向，保持好击球前的准备姿势。交叉步主要用于接发球、防守、拦网等，如图 2-5 所示。

图 2-5

3. 跨步和跨跳步

当来球较低靠身前时，后腿用力蹬地，前脚向前方跨出一大步，屈膝，上体前倾，身体重心移至前腿上。跨步过程中有跳跃腾空动作即为跨跳步，如图 2-6 所示。

跨步移动（1）　　跨步移动（2）

图 2-6

4. 跑步

跑步一般用来垫或传离身体较远的球，跑步时要求边跑边做好击球的准备，身体重心降低、平稳，保持低姿移动能力。

移动技术要点：面向来球，抬腿弯腰移重心，第一步要快。

三、准备姿势与移动教学方法

准备姿势与移动的教学一般被安排在学习各项技术之前，应先学习准备姿势，再学习并步、滑步、交叉步、跨步、跑步等步法，从简单到复杂，同步开展教学。

（一）准备姿势的教学方法

1. 教法

（1）采用边进解边示范的方法进行，教师讲解准备姿势的概念、作用、种类、动作方法和技术要点。

（2）示范时做到正面示范和侧面示范相结合。创建教学情境，可利用挂图和现代电化教育等手段实施教学。

（3）解难答疑，语言提示，巡回指导，反馈控制教学进程。

2. 学法

（1）学生认真听讲，积极思考，充分发挥自身学习的自主性、自觉性。

（2）通过自身的教学实践，举一反三，逐步建立准备姿势正确动作概念。

3. 练习方法

（1）在教师的指导下，学生试做各种准备姿势。

（2）两人一组，一人做各种准备姿势，另一人纠正错误动作，互教互学。

（3）听到老师的口令、手势或哨音做各种准备姿势。

（4）原地跑步，在跑的过程中，看到教师手势，立即做各种准备姿势。

（5）学生原地坐下，看到教师手势后立即起立做各种准备姿势。

（6）学生原地仰卧起坐三次，看到教师手势后立即起立做各种准备姿势。

（7）学生原地收腹跳三次，看到教师手势后立即起立做各种准备姿势。

（8）学生绕气排球场慢跑，看到教师手势后立即做各种准备姿势。

总体要求：学生建立正确的动作概念，正确、迅速完成动作。

（二）移动技术教学方法

1. 教法

（1）采用边讲边示范的方法进行，讲解移动的概念、目的、作用，各种移动步法的动作方法、技术要点及其在比赛中的应用时机。

（2）示范时做到正面示范和侧面示范相结合。创建教学情境，可利用挂图和现代电化教育等手段实施教学。

（3）解难答疑，语言提示，巡回指导，反馈控制教学进程。

2. 学法

（1）学生认真听讲，积极思考，充分发挥自身学习的自主性、自觉性。

（2）通过自身的教学实践，举一反三，逐步建立移动技术正确的动作概念。

3. 练习方法

（1）呈半蹲准备姿势，随教师手势向左右方向做并步移动。

（2）呈半蹲准备姿势，随教师手势做左右方向滑步移动。

（3）呈半蹲准备姿势，随教师手势向左右方向做交叉步移动。

（4）呈半蹲准备姿势，随教师手势向前方做跨步移动。

（5）呈半蹲准备姿势，向前后左右方向做跑步移动。

（6）两人一组，用两个球，一人将球滚向另一人侧面，另一人移动将球滚回。

（7）人手一球，把球掷在地面上弹起，人从球下做穿越练习。

（8）学生站在前场区，低姿势做交叉步移动练习。

总体要求：保持正确的准备姿势，掌握“脚前手后”的运动规律，步法灵活，动作协调。

（三）准备姿势和移动技术常犯错误及纠正方法

1. 准备姿势常犯错误及纠正方法

（1）两脚站成外八字，姿势死板，肌肉过分紧张，动作不放松。

主要原因：对正确动作要领理解不清。

纠正方法：首先，讲清其动作要领，特别是在练习中要强调原地微动状态的技术要领；其次，可多做徒手练习；最后，可结合移动和抛接球练习。

（2）臀部后坐，重心靠后，全脚掌着地，影响起动。

主要原因：对正确动作要领理解不清。

纠正方法：首先，讲清要领，重复示范，在练习中强调含胸、收腹和上体前倾；其次，可对着镜子徒手练习，或两人一组互相徒手练习，在练习中互相纠正错误动作。

（3）上体前倾，两腿弯曲不够，形成弯腰不屈膝、重心太高。

主要原因：腿部力量差，下蹲动作吃力、怕苦、怕累。

纠正方法：首先，多做低姿势移动练习；其次，可通过蹲杠铃和三级跳等方法来加强腿部力量练习。

2. 移动常犯错误及纠正方法

（1）移动时起动慢，移动步子过大或过小，移动后不能保持正确的准备姿势。

主要原因：对正确动作理解不够，重心掌握不好。

纠正方法：首先，讲解要领，移动前重心前移，身体保持微动状态；其次，可多用视觉信号进行徒手练习，以提高判断反应能力，严格按动作规格要求去做。

（2）移动时产生跳动现象，移动时重心太高。

主要原因：对动作概念理解不清。

纠正方法：首先，讲明道理，多做示范，建立正确的动作概念；其次，可多做徒手练习。

（3）没有根据来球的情况而盲目移动。

主要原因：对于怎样在判断来球后进行移动的理解不够。

纠正方法：首先，多练习传、垫起对方抛出的不同弧度的球；其次，可根据教师的信号做练习。

（四）准备姿势和移动在教学中应注意的事项

（1）在教学训练中，要强调准备姿势和移动技术在气排球运动中的作用，克服学生怕枯燥的思想；同时教师应适当地采用对抗性、游戏性的练习，以增加学生对学习这一类简单动作的兴趣，提高学习的效率，并结合场地进行练习。

（2）初学者学习准备姿势和移动时，在教学中严格要求动作的规范化，逐步建立正确的动作定型。在学习准备姿势时，先学习半蹲准备姿势，然后学习稍蹲和低蹲姿势；在学习移动技术时，先学习并步移动，然后学习交叉步及跨步等移动步法。

（3）在移动练习中，要特别注意最后一步，最后一步急停后，要使上体跟上去，对准来球方向做好准备姿势；同时在移动练习中，要强调身体重心不能起伏太大，以免影响移动速度。

（4）在教学训练中，要反复强调随时保持好正确的准备姿势，并养成习惯；同时还要多做起动动作和移动步法练习，可以结合准备活动来进行。

（5）要利用视觉信号反应刺激来练习准备姿势并进行移动。因为排球场上许多时候是用眼睛观察周围情况的，根据发生的变化进行判断，及时做出相应的动作。

（6）移动时，两手的位置要正确，便于做上传（上挡）和下垫动作，掌握“脚前手后”的运动规律，加强学生脚步动作的训练。

（7）移动动作节奏与球的飞行速度、弧度要相适应，过早、过晚地接近球，都会破坏动作的连贯性。

（8）准备姿势和移动要结合球来进行反应判断练习，对某一个移动步法，可根据临场需要重复多次，逐步建立正确的动力定型。

（9）准备姿势和移动可结合传球、垫球技术来进行教学，移动要和身体训练结合，移动的步法要灵活、清晰、富有节奏。

（10）结合比赛的需要做移动、制动练习。如后排队员跟进保护练习，进行防直线球、斜线球、吊球练习和前排后撤防守练习等。

（11）加强髋关节的灵活性和步法灵活性的练习，多做网前移动、折回跑、变速跑和变方向跑等各种练习。

第三节　鞭打技术

队员在挥臂击球的过程中，上臂带前臂，前臂带手腕的击球动作被称作鞭打。鞭打技术是队员正确掌握扣球、发球技术的关键环节。利用动作技能的迁移，正确鞭打技术的形成，有利于加快发球和扣球技术的学习，为推进发球和扣球技术的教学与训练起到一个良好的铺垫作用。

一、鞭打技术动作方法

（一）准备姿势

以右手挥臂击球为例，两脚前后开立，左脚在前，身体正向球网，呈稍蹲准备姿势。

（二）屈肘拉臂

利用下肢的蹬地，两臂自下向上提起，身体稍向右转，挺胸展腹，头稍后仰，肘关节至少同肩平或略高于肩，身体重心移至后脚。

（三）击球用力

后脚蹬地，转体，腰腹发力，肩、肘、腕、手关节依次发力。

（四）击球部位与手法

全手掌击球的后中下部，使球加速上旋，弧线挥臂。

二、技术动作分析

在扣球和跳发球技术中，挥臂动作是以腰腹发力带动上肢诸环节依次加速与制动，使末端环节产生极大速度的动作形式。当近端环节制动时，其角动量向邻近的远端环节传递，使末端环节的运动惯量较小，角动量的不断传递，使末端环节（手）获得极大速度。为了能使鞭打动作快速有力，各环节肌肉（肩、肘、腕、手）在加速之前应放轻松，只有放松，才能加速挥动，从而达到较快的挥臂速度。最佳的挥臂击球角度是手臂在挥臂击球瞬间与躯干呈 161° ~ 164°，人球位置关系保持 19 ~ 26 cm。

三、鞭打技术教学方法

（一）教法

（1）采用边讲边示范的方法进行，讲解鞭打技术的概念、动作方法以及各环节技术要点。

（2）示范时做到正面示范和侧面示范相结合。创建教学情境，可利用现代教育技术手段实施教学。

（3）解难答疑，语言提示，巡回指导，反馈控制教学进程。

（二）学法

（1）学生认真听讲，积极思考，充分发挥自身学习的自主性、自觉性。

（2）通过自身的教学实践，举一反三，逐步建立正确的动作概念。

（3）练习方法。

① 徒手练习，学生试做鞭打技术动作。

② 教师领做，学生跟随口令完成鞭打技术动作。

③ 学生左手半握拳，置于右手挥臂击球点上，进行右手挥臂练习。

④ 学生二人一组，面向站立，间隔距离适中，进行徒手挥臂练习，互相纠错。

⑤ 学生二人一组，一人置球于同伴右肩的前上方，同伴进行击固定球的练习。

⑥ 人手一球，对墙或对球网进行自抛自挥臂击球练习。

⑦ 人手一球，连续对墙进行挥臂击球练习。

总体要求：鞭打动作正确，人球位置关系合理，用力适当，击球手法正确，发力协调。每次上课前，安排一定时间让学生进行鞭打练习。

（三）鞭打技术常犯错误及其纠正方法（见表 2-1）

表 2-1

内容	常犯错误	纠正方法
鞭打技术	挺胸展腹不够，屈肘拉臂不到位，肘关节下垂	（1）建立正确动作概念，观摩同伴或教师的鞭打动作； （2）两人一组互相徒手练习，纠正错误动作
	人球位置关系不合理，打不到球，击球点过高或过低	（1）多做击固定球练习； （2）徒手体会挥臂击球角度及击球时手掌心离地面高度的定位练习
	发力不正确，形成平打或推顶球	（1）在学生徒手挥臂击球时，强调伸肘提肩动作； （2）站在镜子侧面进行徒手挥臂练习

（四）鞭打技术在教学中应注意的事项

（1）多做徒手的抛球、击球练习，体会正确的技术动作要领。

（2）人球位置关系的保持应合理，强化击打固定球的练习。击球点应保持在右肩前上方，手臂挥至最高点击球，击球过早或过晚都会影响到击球的准确性。

（3）在对墙的抛、击球或连续挥臂击球过程中，屈肘拉臂时要做到腰腹发力，肩、肘、腕关节放松，加强手对球的控制能力训练。

（4）鞭打、打防技术的练习应安排在每次教学或训练课的准备部分中。通过不断的练习强化，达成动作动力定型。

第四节　发球技术

发球是队员站在发球区内，用一只手将自己抛起的球直接击入对方场区的一种击球动作。发球是比赛的开始，是进攻的开始，是气排球比赛中一项重要的进攻性技术。有攻击性的发球，不仅可以直接得分，而且可以破坏对方一攻，给对手造成强大的心里威胁。

在初学者学习发球技术时，重点应放在发球成功率和完成技术动作的合理化上。对具有较高水平的选手来说，重点应放在使发球具有一定的攻击性上，找人、找区发球，提高发球的得分率和破攻率。

一、正面上手发球（发旋转球）

正面上手发球是指发球队员站在发球区，面向球网站立，利用腰腹转体动作带动手臂加速挥动，在右（左）肩的前上方，用全手掌击球过网的一种发球方法，如图 2-7 所示。正面上手发球技术动作较为简单易学，但要想在气排球比赛中提升和加大发球的攻击性，要求发球队员具有较强的腰、腹、肩及手臂、手腕力量。

图 2-7

（一）动作方法

1. 准备姿势

以右手发球为例，队员面对球网，两脚自然开立，左脚在前，右脚在后，左手或双手托球于身前。

2. 抛球和挥臂击球

用左手或双手平稳垂直地将球抛向右肩前上方 50 ~ 100 cm 处，与此同时，右手屈肘拉臂，肘与肩平行（或略高于肩），上体稍向右转动，肩、肘、腕关节放松。击球时利用蹬地、转体、收胸、收腹动作带动手臂向右肩的前上方挥去，

3. 击球手法

在击球的瞬间，以全手掌击球的后中下部，手指自然张开吻合球，手腕有向前的包击推压动作，弧线挥臂，使击出的球呈上旋飞行过网。

（二）技术要点

抛球，弧线挥臂，包击推压。

二、正面上手发飘球

正面上手发飘球技术是队员站在发球区内，面对球网，采用正面上手发球的方式，击球的后中部，使作用力通过球体重心，发出的球不旋转、不规则飘晃飞行的一种发球方法，如图 2-8 所示。

图 2-8

（一）动作方法

1. 准备姿势

同正面上手发球，面对球网站立。

2. 抛球和挥臂击球

用左手或双手（以右手发球为例）将球平稳地垂直抛至右肩前上方，球不旋转，高度为 30 ~ 50 cm（抛球比正面上手发球稍低且稍靠前）。右臂屈肘拉臂，击球前手臂自后向前直线

挥臂。击球时，五指并拢，手腕稍后仰，以掌根平面击球的后中部，使作用力通过球体重心。

3. 击球手法

击球瞬间，直线挥臂，手指手腕紧张，手型固定，不加推压动作，手臂应有突停动作，击出的球不旋转。

（二）技术要点

抛球，直线挥臂突停，击球时间短促，作用力通过球体重心。

三、勾手大力发球

勾手大力发球是气排球比赛中运用最多的一项发球技术，是采用勾手发球的方式，利用全身的力量，爆发式发力，将球击入对方场区的一种发球方法，如图 2-9 所示。具有力量大、速度快、弧度低、旋转性强的特点。

图 2-9

（一）动作方法（以右手发球为例）

1. 准备姿势

队员身体侧对球网，两脚自然开立，右脚稍靠前，左手持球于胸前。

2. 抛球

左手将球抛在左肩的前上方约一臂高度，上体顺势向右倾斜，两膝微屈，身体重心移至右脚。

3. 挥臂击球

借助右脚的蹬地和转体动作发力，带动右臂做直臂弧线挥动，身体重心移至左脚，手臂伸直至最高点，在右肩的前上方以全手掌击球的中下部。

4. 击球手法

击球瞬间，五指自然张开包满球，弧线挥臂，手指手腕主动做推压动作，使击出的球产生强烈上旋。

（二）技术要点

抛球，人球的位置关系，蹬地转体发力，包击推压。

四、跳发球

跳发球是为了加强发球的攻击性，运动员在端线附近采用助跑起跳的方式，在空中将球直接击入对方场区的发球方法（队员在击球瞬间不能踏及或踏过跳发球限制线），如图 2-10 所示。跳发球也有跳发飘球，在比赛中主要还是跳发上旋球。

图 2-10

跳发球由于队员是跳起在空中击球，身体伸展，能充分利用腰腹和手臂的力量挥臂击球，是最具有攻击性的发球动作。其特点是速度快、力量大、过网弧度低、旋转性强。但掌握跳发球技术的难度较大，需要运动员具有一定的弹跳高度、腰腹力量和正确的手法及控制球的能力。

（一）动作方法

1. 准备姿势

队员面对球网，站立于离端线 2 ~ 4 m 处，双手（或单手）持球于腹前，观察对方接发球情况。

2. 抛球

抛球是掌握跳发球技术的关键。过高、过低、过远、过近均影响跳发球的技术效果。以右手（右手发球）或双手将球抛在右肩前上方，使球旋转，离地面高度约为 3 ~ 4 m，落点在端线附近。

3. 助跑

在抛球离手后向前助跑跳起。在比赛中多采用 1 步助跑或 2 步助跑。

4. 起跳

两臂协调摆动，摆幅要大，增大身体向前的速度，采用并步式向前冲跳。

5. 空中击球

腾空后，挺胸展腹，上体稍向右转成反弓形，右臂屈肘拉臂，五指自然张开，手腕放松。击球时，以转体、收腹和伸肘的鞭打动作带动手臂向右肩的前上方挥动，手臂伸直，用全手掌击球的后中下部，手掌包满球，并有向前的包击推压动作，使击出的球呈上旋飞行。

6. 落地

击球后双脚落地，屈膝缓冲，迅速进入场地。

（二）技术要点

抛球，助跑起跳，人球的位置关系，腰腹发力，包击推压，屈膝缓冲。

五、勾手发飘球

勾手发飘球技术是队员侧对球网站立，利用勾手的形式，使发出的球不旋转、不规则飘晃飞行的一种发球方法。与正面上手发球相比，勾手发飘球技术较多地借助下肢和腰腹的力量，不需要更大的手臂和肩部力量，如图 2-11 所示。

（一）动作方法

1. 准备姿势

身体侧对或半侧对球网，两脚自然开立，左手持球于胸前（以右手发球为例）。

2. 抛球与挥臂击球

左手将球平稳抛在左肩前上方一臂高度处。击球时，利用右脚的蹬地，上体向左转动发力，重心移向左腿，手臂伸直，在右肩的左上方用掌根击球的中下部。

3. 击球手法

击球瞬间，五指并拢，手腕后仰，保持紧张，手臂挥动有突停动作，作用力通过球体重心，使球不旋转。

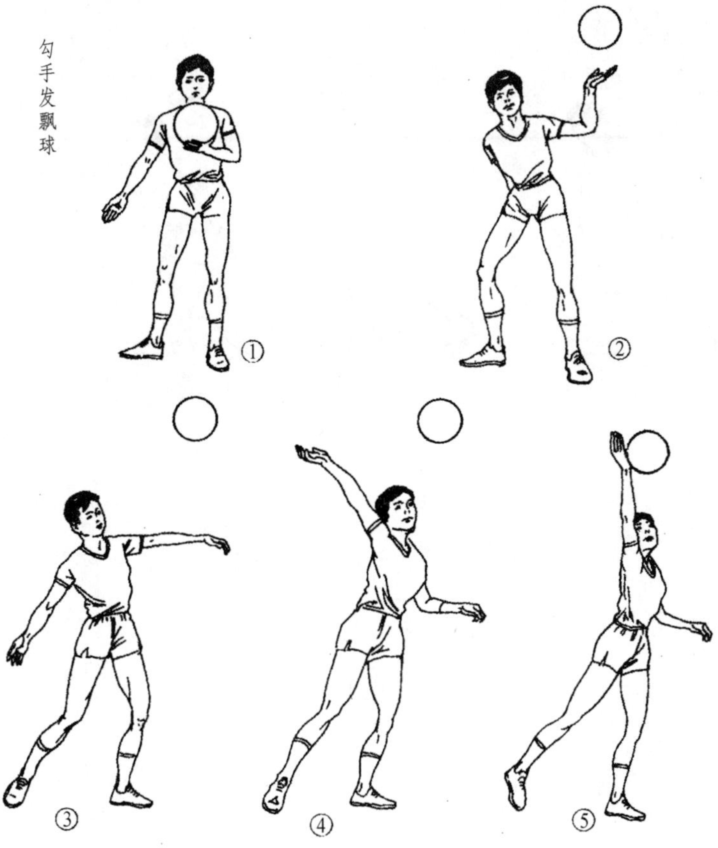

图 2-11

（二）技术要点

抛球，转体发力，直线挥臂，击球时间短促，作用力通过球体重心。

六、正面下手发球

正面下手发球是队员正向球网，手臂由后下方向前摆动，在腹前将球击入对方场区的一种发球方法，如图 2-12 所示。

（一）动作方法（右手发球为例）

面对球网，两脚前后开立，两膝微屈，上体稍向前倾，身体重心落在后脚。发球时左手持球于腹前，将球抛在体前右侧，高度离手 20 ~ 30 cm。在抛球的同时，右臂伸直以肩为轴向后摆动。击球时借助右脚蹬地，身体重心随右手向前摆动击球而移至左脚，在腹前以全手掌、掌根击球的后下方，手指、手腕紧张，击球后迅速入场。

图 2-12

（二）技术要点

抛球，手臂前后摆动，腹前击球。

七、掌握发球技术应注意的事项

不管采用哪种姿势的发球，应该做到以下几点：

1. 抛球稳

抛球高度合适，不能过于靠前或靠后。

2. 击球准

以正确的手型击准球的相应部位。

3. 手法正确

根据发飘球和发旋转球的不同技术要求，采用固定手腕和推压手腕的不同动作。

4. 击球点合理

击球点过低，易造成发球下网，击球点过后易发球出界。

5. 用力适当

根据发球的落点，站位远近合适，控制好发球的速度和弧度。

八、发球技术基础教学方法

（一）正面上手发球教学法

1. 教法

（1）讲解正面上手发球的概念、动作方法以及各环节技术要点。

（2）边讲解边示范，做到完整—分解—完整、正面示范和侧面示范相结合。
（3）创建教学情境，可利用现代教育技术手段实施教学。
（4）解难答疑，语言提示，巡回指导，反馈控制教学进程。

2. 学法

（1）学生认真听讲，积极思考，充分发挥自身学习的自主性、自觉性。
（2）通过自身的教学实践，举一反三，逐步建立正确动作概念。
（3）练习方法。
① 徒手模仿抛球、挥臂击球练习。
要求：抛球高度适中，腰腹带动挥臂依次发力。
② 自抛球练习。
要求：高度合适，人球位置关系合理。
③ 结合抛球进行屈肘拉臂和挥臂击球练习。
要求：动作到位，抛、击球的时机把握恰当。
④ 近距离对墙发球练习。
要求：强调发球手法，发出上旋球。
⑤ 二人一组相距 9 m 左右发球。
要求：击球点正确，全手掌包满球。
⑥ 近距离隔网对发。
要求：击球点正确，全手掌包满球。
⑦ 站在发球区发球。
要求：挥臂动作连贯，有推压动作，手法正确。

（二）正面上手发飘球教学法

1. 教法

（1）讲解正面上手发飘球的概念、动作方法以及各环节技术要点。
（2）边讲解边示范，做到完整—分解—完整、正面示范和侧面示范相结合。
（3）创建教学情境，可利用现代教育技术手段实施教学。
（4）解难答疑，语言提示，巡回指导，反馈控制教学进程。

2. 学法

（1）学生认真听讲，积极思考，充分发挥自身学习的自主性、自觉性。
（2）通过自身的教学实践，举一反三，逐步建立正确的动作概念。
（3）练习方法。
① 徒手模仿挥臂动作。
要求：手腕固定，动作协调。
② 抛球练习。
要求：平托上送，不旋转。
③ 近距离对墙发球。
要求：击球部位正确，作用力通过球体重心。

④ 近距离隔网对发。

要求：击球部位正确，作用力通过球体重心。

⑤ 站在端线外发球区发球。

要求：挥臂动作连贯，手法正确。

（三）发球技术常犯错误及纠正方法

1. 正面下手发球的常犯错误及纠正方法

（1）准备姿势太高或没有做好准备姿势就发球。

主要原因：对发球前做好准备姿势的重要性不明确。

纠正方法：首先，讲清准备姿势的重要性；其次，在发球时，强调要在做好准备姿势后才发球。

（2）抛球不准，如过高、过远或过近。

主要原因：未掌握动作要领；抛球的手法不对；对抛球的重要性认识不足。

纠正方法：首先，教师多讲解抛球在发球中的作用；其次，教师示范抛球的手法，强调要平稳地向上抛送；最后，可多练习抛球。

（3）击球点过高，影响发球的准确性。

主要原因：抛球不准，初学者急于摆臂击球。

纠正方法：首先，多做徒手模仿练习；其次，可利用固定吊球练习摆臂和击球动作。

（4）抛球与摆臂击球动作配合不协调。

主要原因：概念不清，身体不协调。

纠正方法：首先，明确技术动作概念；其次，徒手练习抛球与摆臂击球动作；最后，结合抛球进行摆臂练习。

（5）摆臂击球方向不正，屈肘击球，身体太紧张。

主要原因：对技术动作的理解不清，抛球不准，身体不协调。

纠正方法：首先，讲清动作要领，抛球要准，击球手臂伸直，手臂要垂直地向前摆动；其次，多做徒手模仿发球练习；最后，击固定吊球练习和对墙或隔网做近距离发球练习。

2. 正面上手发球的常犯错误及纠正方法

（1）准备姿势太高，或没有做好准备姿势就发球。

主要原因：对发球前做准备姿势的重要性不明确。

纠正方法：首先，讲清准备姿势的重要性；其次，在发球时，强调要在做好准备姿势后才发球。

（2）抛球不准，击球点太后或太前。

主要原因：对抛球的重要性认识不足；抛球动作不正确。

纠正方法：首先，要进一步讲明抛球的动作要领和作用，要求抛球时用力，高度、位置都要固定；其次，可设置固定的目标，多做抛球的专门练习，如人靠墙或站在篮圈下练习抛球。

（3）挥臂动作、方向不对，速度太慢。

主要原因：对挥臂动作的理解不清；手臂太紧张。

纠正方法：首先，多做徒手模仿发球练习；其次，对墙或挡网做近距离发球练习；最后，手持实心球或垒球做发球动作，对墙或打网掷出。

（4）击球时，手臂没有充分伸直，击球点太低，不能用全掌触球，而是用掌根击球。

主要原因：对挥臂动作理解不清；挥臂动作不对，手臂过于紧张。

纠正方法：首先，讲清其动作要领；其次，多做击固定球练习；最后，多做徒手挥臂打击一定高度目标的物体。

（5）手臂太紧张，击球时用手推球动作，发球无力。

主要原因：不了解其动作要领，身体动作不协调。

纠正方法：首先，讲清动作要领；其次，可多做徒手挥臂击球动作练习；最后，可多做击固定球练习。

（6）击球不准，做不出推压带腕动作，造成击球不会上旋飞行。

主要原因：抛球不准，找不对击球时间。

纠正方法：首先，注意力集中，眼睛盯住击球部位；其次，多做对墙或对网的发球练习，体会手掌包住球的动作以及击球时的推压动作。

（7）动作不协调，用不上全身的协调力量。

主要原因：不明确发力要领或练习次数过少。

纠正方法：首先. 可多做对墙单手掷垒球、掷硬排球练习；其次，进行击打固定球练习。

3. 发飘球的常犯错误及纠正方法

（1）抛球不固定，时高时低，偏前偏后。

主要原因：思想上不重视抛球；未掌握好向上抛球的技术动作。

纠正方法：首先，讲明抛好球是发好飘球的重要环节，引起足够的重视；其次，多做固定目标的抛球练习。

（2）挥臂动作不正确，即弧线摆动。

主要原因：未掌握好动作要领，向水平挥臂的概念不清楚。

纠正方法：首先，要进一步讲明其动作要领；其次，徒手做挥臂练习，强调向水平方向挥臂；最后，多次重复在固定目标下进行挥臂击球练习。

（3）抛球与挥臂动作脱节。

主要原因：概念不清，身体动作不协调。

纠正方法：首先，明确技术动作概念：其次，徒手练习抛球与挥臂练习，要求随教师的节奏进行练习；最后，近距离对墙练习发球。

（4）击球的部位不准确，手法不正确。

主要原因：抛球过高，球旋转，眼睛没有看准球。

纠正方法：首先，讲清发出飘晃球的技术关键是手掌根部位击打球的后下部，使作用力通过球体重心，不使球旋转；其次，反复进行用掌根击固定球的练习；最后，最好在墙上设置一定具有高度的目标，在距离 7 ~ 8 m 处对准目标，在练习中眼睛应看准球。

4. 勾手大力发球的常犯错误及纠正方法

（1）抛球不准、不稳、过高、过低或偏前、偏后。

主要原因：思想上不重视抛球动作；未掌握好向上送抛球的技术动作要领。

纠正方法：要多做固定目标的抛球练习，要做到手臂有向上送抛球的动作，球出手要平稳，全身动作要协调。

（2）挥臂动作不协调，挥臂弧线不在地面垂直线上，没有用上转体力量。

主要原因：挥臂时抬头，挺胸、转体动作不连贯。

纠正方法：首先，可做徒手模仿发球的练习；其次，做勾手击打固定球或打击一定高度目标的练习；最后，用勾手发球动作做掷实心球或在端线掷球过网等练习。

（3）击球点过前过后，击球不准。

主要原因：抛球点不对或挥臂时间不对。

纠正方法：首先，多做固定目标的击球练习；其次，在练习发球中要强调抛球稳、轻力量、眼跟球、击准球。

（四）在发球的教学中应注意的事项

（1）在发球的教学中，要善于抓住技术关键。抛球是前提，击球是关键。有些学生往往以为抛球容易，便不重视抛球练习，以至不能固定击球点，影响发球技术的掌握。教师应加以引导，对关键技术要反复练，做到准确、熟练。

（2）在教学中，必须着重强调发球时要全神贯注，一丝不苟。不但要保证一定的数量，尤其应重视动作的质量（抓紧站位、抛球、挥臂、击球等细小动作），强调发球的目的性，这样才能收到较好的效果。

（3）发球是排球比赛中重要的进攻手段之一，所以在练习中，应严格训练。每次课应保证有一定的发球练习时间，这样才能使这项技术日趋巩固、熟练，以便在比赛中能发挥其作用，同时在练习中应结合竞赛规则进行。

（4）在发球时要不断增加练习的难度，从实际出发，把技术、战术联系起来，做到学以致用，学用结合。

（5）发球技术与接发球技术是相互促进的，因此，两者必须结合起来进行练习。

（6）提高发球技术，要在接近比赛条件下（包括思想情绪方面）反复多练。发球的练习方法比较单调、枯燥，教师要对学生讲清道理，加强引导，引起重视，启发学生独立思考和刻苦钻研的技术，同时采用多样化的形式进行发球练习。

（7）发球必须认真，充满信心，加强心理训练。在比赛的关键时刻不紧张，不手软，放得开，发得稳。

（8）在练习发球时，利用准备活动的时间带领学生使用硬排球、垒球或小实心球按发球动作做掷球练习，体会身体的发力与击球动作。

（9）在教学训练时，要求既要加强攻击性，又要注意准确性，把攻击性与准确性紧密结合起球，才能在比赛中获得实效。

（10）在发球教学和训练中，应做到：固定位置（固定与端线的距离）、固定抛球（高低和位置）、固定挥臂方向（路线和速度）、固定击球（击球点、部位和手法）、固定力量（大小和方向）。

第五节　垫球技术

垫球是气排球的基本技术之一，是借助蹬地、跟腰、抬臂和手臂垫击平面将球击到预定目标的一种击球动作。垫球技术主要用于接发球、接扣球、接拦回球和垫击二传球，是组织进攻的基础。

在气排球比赛中，常用垫球技术是正面双手垫球、体侧垫球、背垫球、单手挑球、挡球、捧、插托等。

一、正面双手垫球

正面双手垫球是身体正向来球，用双手在腹前垫击球的一种垫球方法，是垫球中最基本和常用的技术。

（一）动作方法

1. 准备姿势

看准来球的落点，迅速移动到位，做半蹲或稍蹲准备姿势。

2. 手型

正面双手垫球的手型有叠掌式、抱拳式和互靠式，如图 2-13 所示。以叠掌式为例：两手掌紧叠，掌根并拢，两大拇指平行靠紧，两肩放松，两手臂自然伸直、前臂稍外翻、手腕稍下压形成一个平面。

图 2-13

3. 触球部位

前臂腕关节上 10 cm 左右桡骨内侧平面。该处面积大而平，可适当缓冲来球力量，起球比较稳和准。

4. 击球点

击球点保持在腹前一臂处。该处便于控制用力的大小，调整手臂击球的角度及控制球的落点和方向。

5. 垫球用力

垫球用力大小与来球的速度（力量）大小有关。垫球力量的大小与来球的速度成反比，与垫出球的距离和弧度成正比。也就是说，当来球速度慢时，垫球动作用力幅度要大些；当来球速度快时，垫球动作用力幅度要减小，或不用力。

垫轻球时，由于来球速度慢，应以两臂上抬和伸膝的协同用力的动作将球垫出。

垫中等力量来球时，由于来球有一定速度，两臂迎击上抬的幅度小，速度应缓慢，或借助球的反弹力将球垫出。

垫重球时，由于来球速度较快，应预先摆好手臂角度，两膝关节弯曲，重心降低，手臂随球后撤，不给球任何力量，达到缓冲的目的。

（二）手臂与地面角度

一般来说，垫球时手臂与地面的夹角大，垫出球的弧度较平，手臂与地面的夹角小，垫出球的弧度较高。手臂与地面的夹角大小对控制球的方向、弧度、落点有一定关系。

二、体侧垫球

体侧垫球是在身体侧面垫球的一种垫球方式。以左侧垫球为例，当球向左侧飞来时，重心移至左脚，左膝弯曲，两臂夹紧组成垫球平面向左伸出，左臂高于右臂，用向右转腰和收腹的力量，配合两臂在左侧方垫击球的后下部。但注意不要摆臂击球，以免球从侧面飞出。

三、背垫

背对击球方向，从体前向背后垫球叫作背垫。垫球时先迅速移动到球的落点处，背对出球方向，两臂夹紧伸直，插到球下，以抬头挺胸、展腹后仰动作，直臂向后上方抬送球，如图 2-14 所示。

图 2-14

四、挡球技术

当来球较高、力量较大、不便于传球或垫球时，用双手或单手在胸、肩部以上截击来球的击球动作被称为挡球，如图 2-15 所示。挡球主要用于防守中接高于肩上的球，运用挡球，可以扩大控制范围，是垫球的重要补充。

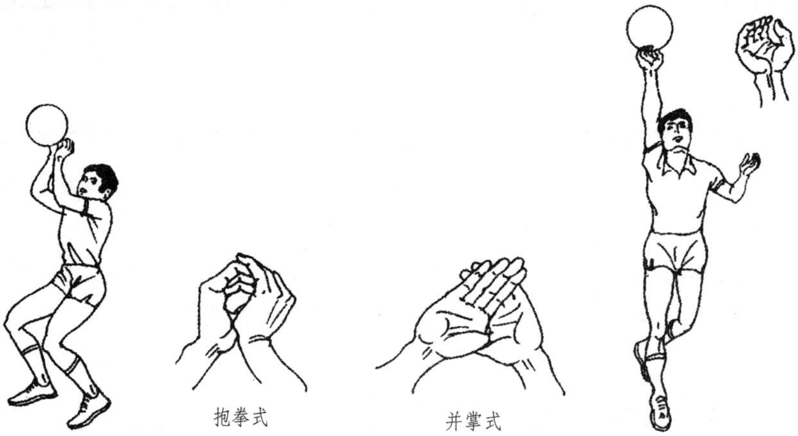

图 2-15

（一）双手挡球

双手挡球多用于挡击胸部以上力量大、速度快的来球。双手挡球的手型有：抱拳式和并掌式。抱拳式挡球的手法是：两肘弯曲，一手半握拳，另一手外抱，两掌外侧朝前。并掌式挡球手法是，两肘弯曲，两虎口交叉，两掌外侧朝前，合掌成勺形。不管使用哪种手法，挡球时的手臂一定要屈肘上举，使肘部靠前，手腕稍后仰，用力适度，击球点在额前或两侧肩上，用手掌外侧和掌根所形成的平面击球的后下方。

（二）单手挡球

单手挡球击球点高，多用于来球较高，力量较轻，在头部以上或侧上方的球。单手挡球的手型分为两种：一是掌根平面击球，击球时手张开，手指自然弯曲，用掌根平面去击球；二是用掌心平面击球。不管采用哪种手型击球，挡球时，击球瞬间手腕后仰，并保持紧张，使击球平面朝前上方，对准球的后下部击球，如球飞到身后较高处时，队员还可以跳起挡球。

五、单手挑球

队员向前或向侧跨出一步用手掌垫球的方法称为单手挑球。单手挑球适合于来球距身体 1 ~ 1.5 m，来球较低或速度较快来不及移动时。

动作方法：判断来球的落点，及时向前或向侧跨出一大步，屈膝制动，重心落在跨出腿上，上体顺势前倾下压，单手插入球下，用蹬地、提肩、抬臂动作击球的后下部。

六、捧球

当来球较低时，判断好来球落点，脚步迅速移动到位，屈膝弯腰，做半蹲或稍蹲的准备姿势。队员两手手指置于腹前，自然张开呈半球状，插入球下，吻合来球，借助蹬地和双手前臂挑送的力量击球的后下部，将球“捧”出，如图 2-16 所示。

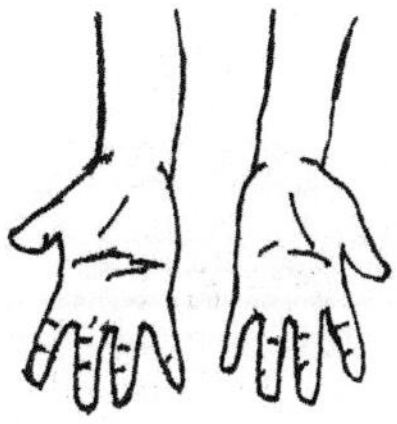

“捞”“捧”手法

图 2-16

该项技术动作对于没有排球基础的学生来讲，易于学习掌握，在气排球教学和比赛中较为简单实用。

七、插托

判断好来球的落点，脚步迅速移动到位，屈膝弯腰，做半蹲或稍蹲的准备姿势。击球前，击球队员两手手指自然张开，肘关节弯曲，一上一下对准来球。击球时，位置在下的手向斜下方向做铲插动作，位置在上的手向体前上方做托、送的动作，双手协调用力，完成击球，如图 2-17 所示。

“插托”手法

图 2-17

由于双手触球面积大，便于缓冲来球的力量，在气排球比赛中普遍将“插托”运用于垫球、垫击二传、接发球和接扣球技术中。

八、垫球技术运用

一传是全队进攻的保障。在气排球比赛中，接发球的好坏直接影响到本方“一攻”的进攻质量和效果。为了练好接发球技术，应做到以下三点。

（一）提前预判

依据对方发球队员发球前的准备姿势及抛球动作，在其击球瞬间预判球的性能、落点和方向。

（二）取位及时

依据来球的速度、过网的弧度及落点，队员主动呼应，及时移动到位并做好准备姿势。在气排球比赛中的接发球环节，队员一般站立于本方 4 m 线左右接发球，一般采用并步移动或由后向前跨步移动技术。

（三）合理击球

接发球时应根据来球的速度、弧度、旋转、飘晃及自身与二传的距离、位置等，使用合理的击球动作。

1. 接对方飘球

由于球过网后左右飘晃，接发球队员应压低身体重心，尽量延长球的飞行路线，找准球的入手轨迹，在腹前一臂处，按来球入手的飞行轨迹将手臂斜插入球下，将球垫起。在气排球比赛中，如遇球过网下沉，则采用向前跨步动作，运用“捧球”“插托”或单手挑球技术动作将球垫起。

2. 接大力发球

在气排球比赛中，跳发球，勾手大力球在各组别得到普遍采用。为接好这类速度快、旋转性强的发球，要在判断好球的落点和取好位的基础上，适当调整手臂与地面的角度，手臂随球屈肘后撤，缓冲来球力量，借助球的发弹力，身体协调用力将球垫起。

3. 接扣球

要根据扣球人的特点和本方队员的拦网屏障情况，迅速移动到本方拦网线路以外的区域内卡位，对准来球做好低蹲或半蹲准备姿势。动作方法与接大力发球相同。

九、垫球技术基础教学方法

在气排球教学与训练中，垫球技术教学时应先学习捧球和插托技术，再学习正面双手垫球、侧垫和背垫技术，在此基础上再练习接发球、接扣球等技术。

（一）正面双手垫球教学方法

1. 教法

（1）讲解正面双手垫球的概念、动作方法以及各环节技术要点。

（2）边讲解边示范，做到完整—分解—完整、正面示范和侧面示范相结合。

（3）创建教学情境，可利用现代教育技术手段实施教学。

（4）解难答疑，语言提示，巡回指导，反馈控制教学进程。

2. 学法

（1）学生认真听讲，积极思考，充分发挥自身学习的自主性、自觉性。

（2）通过自身的教学实践，举一反三，逐步建立正确的动作概念。

（3）练习方法。

① 听教师口令原地做徒手模仿垫球动作。

要求：压腕抬臂，手臂伸直。

② 并步或交叉步后接模仿垫球动作。

要求：重心平稳，协调用力。

③ 垫固定球：一人持球在腹前高度，另一人做垫球模仿动作。

要求：垫球部位正确。

④ 两人一组，相距 4 ~ 5 m，一抛一垫。

要求：双手抛球到对方腹前，垫球击球时机合理，协调用力。

⑤ 两人一组，相距 4 ~ 5 m，对垫。

要求：垫球部位正确，击球点合理，协调用力。

⑥ 单人对墙连续自垫。

要求：压腕抬臂，垫球部位合理，协调用力。

⑦ 单人向上连续自垫。

要求：手型正确，起球平稳。

（二）接发球练习方法

（1）两人一组，相距 8～9 m，一人发球，另一人将球垫到指定位置。

（2）教师发近距离球，其余人轮流接发球。

（3）教师（或学生）在对面场区抛球或发轻球，其余人在本方 1 号、5 号位轮流接发球到 2 号、3 号位之间。

（4）二人一组，一发一垫，将球垫到 2、3 号位之间。

（5）结合场上接发球位置，接对方的发球。

总体要求：

（1）在初学阶段，发球的弧度可高些，速度慢些，强化学生主动接球的意识。

（2）随着学生技术水平的提高，应注意结合多种性能的发球和提高学生的接发球能力，反复练习。

（3）接发球技术首先要求质量，要在质的基础上增加练的时间与接到位球的数量。

（4）在气排球教学过程中，必须严格要求学生，尽可能地采用插托和正面垫球技术，保持好手型及准确插击、垫击的时机。

（三）接扣球练习法

（1）两人相距 4～5 m 一掷一垫。

（2）两人一组，1 人自抛自扣，另一人接起。

（3）两人相距 4～5 m 一扣一垫。

（4）教师（或学生）自抛自扣，其余人轮流接扣球。

（5）两人一组，打防练习。

（6）半场三人扣、防、调练习，如图 2-18。

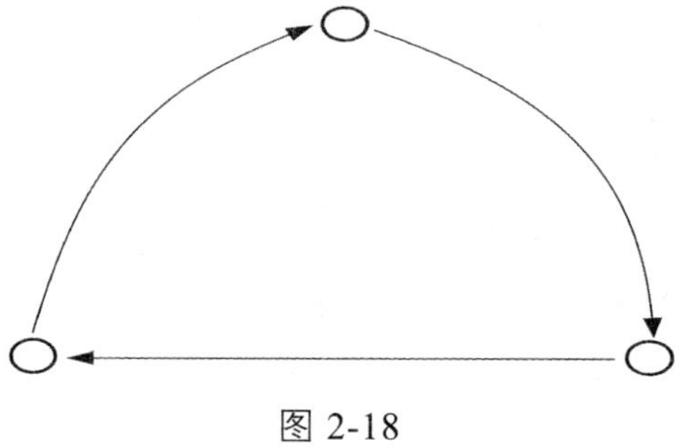

图 2-18

总体要求：

（1）初学者从接轻扣球开始，这样就使学生在接扣球时没有惧怕心理，从而能在加强判断、注意移动的情况下练习接球，有利于形成正确的接球动作。如一开始就练习接重球，学生会产生惧怕心理，在接球时往往会导致重心后坐，影响移动；肌肉僵硬，控制不好球等错误动作。

（2）防守要从难、从严训练，结合勇敢顽强作风的培养。但要控制好难度，达到促进接球技术提高的目的。

（3）练习应以移动接扣球为主，倒地接球为辅，同时在练习中要强调发扬勇于拼搏、每球必争的精神。

（四）垫球技术的常犯错误与纠正方法

1. 两臂并拢，垫击面不平

主要原因：对手型的技术动作规格理解不清楚；判断不准，动作匆忙来不及做好正确的手型。

纠正方法：第一，讲清动作要领，建立正确概念；第二，徒手两臂做插夹模仿练习；第三，垫击固定球；第四，对准目标和对墙自垫；第五，在固定范围内自垫。

2. 击球时屈肘

主要原因：对动作理解不清，在击球时没有做压腕动作。

纠正方法：首先，徒手模仿垫球练习，压其手腕做好直臂上抬发力的动作；其次，向上自垫，要求压腕、直臂上抬垫击球；最后，垫击固定球，击球时稍给压力（主动给球一点作用力）。

3. 摆臂击球，击球时用力不协调

主要原因：对击球时的用力动作理解不清楚，击球点离身体太远，重心后坐。

纠正方法：首先，徒手模仿垫球动作，体会抬臂用力动作和身体协调发力；其次，垫击固定球，并给球一定压力，使其用上臂抬臂与身体协调发力；最后，近距离一抛一垫高球；距墙 2 ~ 3 m 对墙自垫。

4. 移动不及时，对不正来球

主要原因：准备姿势不正确，臀部后坐，重心靠后，影响动作；移动的步法不熟练，移动速度慢；判断不准确。

纠正方法：首先，做好身体前倾的准备姿势；其次，做各种步法的模仿练习；再次，做各种向前、后、左、右移动垫球的练习；最后，积极移动垫击各种角度的来球。

第六节　传球技术

传球是气排球的基本技术之一，是借助蹬地、伸臂、手指手腕的弹送以及球的反弹力，将球传到预定目标的一种击球动作。在比赛中主要用于二传组织各种进攻战术，同时也用于调整传球。按照传球的方向，基本上把传球动作分为正面传球、背面传球、侧传球。

一、正面传球

身体面对出球方向的传球动作被称为正面传球。正面传球是最基本的传球方法，是其他各种传球技术的基础，如图 2-19 所示。

（一）动作方法

1. 准备姿势

多采用稍蹲准备姿势（当来球速度快、弧度低时采用半蹲准备姿势），两脚左右开立，一前一后，约与肩同宽，两膝稍弯曲，两手自然抬起置于额前，准备传球。

图 2-19

2. 传球手型

目前传球手型主要有两种：一种是两手组成半球状，两拇指相对成“一字形”的传球手型；另一种是两手组成半球状，两拇指斜向前方的“斜前形”传球手型，如图 2-20 所示。

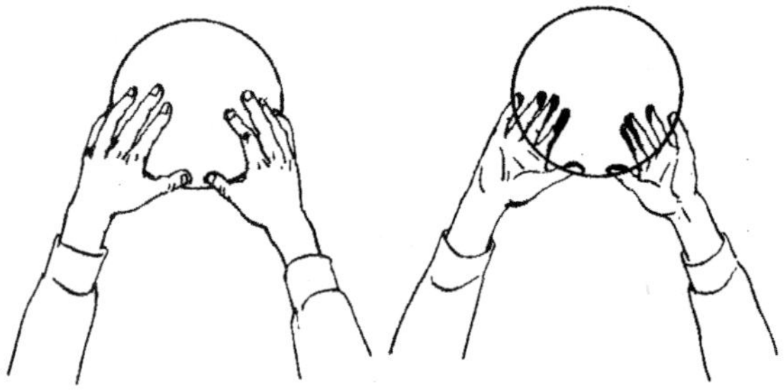

图 2-20

这两种手型的技术共同点：在触球时，两臂弯曲，两肘适当分开，两手指自然张开，组成半球状，使手指与球吻合，手腕稍后仰。不同点：“一字形”拇指的中部触球的底部，“斜前形”拇指内侧触球的底前部，两种手型均以食指全部，中指的二、三指节触球，小指和无名指主要控制球的方向。

3. 传球击球点

当来球距额前约 1 m 时，则开始蹬地、伸膝和伸臂，两手迎击来球。击球点约在额前上方一球距离处。据资料显示，从击球时手与头中心位置之间的距离计算，击球点保持在头前 26 ~ 28 cm，头上 22 ~ 26 cm，球体到额头间的实际距离为 15 cm 左右。

4. 传球的用力动作

传球的用力主要是以手指、手腕的弹力及蹬地、伸膝、伸臂，全身协调用力将球传出。当传球的距离较远时，蹬地、伸膝的用力大一些，反之则小一些。

（二）技术要点

手型，击球点，协调用力。

二、背传

背对传球目标向后上方传球称为背传。

（一）动作方法

背传时上体保持正直稍后仰，身体重心在两腿之间，双手自然抬起，放松置于脸前。迎球时，抬上臂、挺胸，两腿自然弯曲，击球点在额上方。背传手型与正传相同，用力时以蹬地、伸膝、挺腰展腹向上伸肘，同时以手指、手腕的弹力将球传出。与正传相比，背传手腕的用力幅度小，拇指向后上方用力较大，食指和中指向上辅助控制球的方向，如图 2-21 所示。

（二）技术要点

准备姿势，击球点，用力。

图 2-21

三、侧传

身体侧对传球目标，并将球向体侧方向传出的击球动作被称为侧传，如图 2-22 所示。

（一）动作方法

准备姿势、迎球动作，传球手型与正面传球相同。击球点在脸前或偏向传出球方向一侧，上体和手臂向传球方向一侧伸展，异侧手臂的动作幅度、用力距离和动作速度应大于同侧手臂，有利于向侧方发力，伴随上体向传球方向侧屈的动作，使球向侧方飞行。

（二）技术要点

击球点，用力方向。

图 2-22

四、二传

二传是组织进攻的纽带和桥梁，二传质量的好坏，直接影响进攻的质量和全队技战术水平的发挥。二传技术的基础是正传和背传，在此基础上运用手指、手腕技巧及身体姿势的调整传出各种战术球。

（一）顺网二传

二传队员一般取位于 2 号、3 号位之间，面向本方场内，稍向左转。采用稍蹲或半蹲准备姿势，来球时，边转体面向传球方向，结合上肢的伴送，下肢蹬地和全身协调发力，将球向 4 号位传出。在气排球比赛中，二传队员正面传球时，球离球网的远近依据进攻队员掌握冲跳技术高低、个人的弹跳高度和身体素质而定。传球高度在 4 号位网上空 1.2 ~ 2 m 处。

（二）传快球

传球高度一般是高出网带上沿 2 ~ 3 个球的高度。二传队员传球动作通常是利用手指、手腕的弹送和手臂适当的伸臂来控制球的高度和落点的。在训练和比赛中，二传队员应根据来球的高度、速度以及进攻队员上步的时机，主动与攻手配合，将球传至进攻队员的手上。

（三）调整二传

将一传不到位且离网较远的球传至便于进攻队员扣球的位置和高度被称为调整二传。其用力是充分利用蹬地、伸膝、伸臂和手指、手腕等的协调发力。调整二传应根据传球与扣球人的位置确定传球的方向、弧度和距离。

（四）跳传

跳传是指队员跳起在空中做传球动作，有原地起跳、助跑起跳、双脚起跳和单脚起跳四种起跳方式。但不管二传队员采用何种起跳方式，都要求二传队员掌握好起跳时机，腰部固定，保持身体在空中平衡，垂直向上起跳，在身体上升到最高点时，靠伸臂动作和手指手腕的弹力将球传出，如图 2-23 所示。

图 2-23

（五）单手传球

一传来球高且冲网，二传队员在网前无法运用双手传球时，通常采用单手二传。当球冲向球网上沿时，二传队员侧身背向球网起跳，靠近球网一侧的手臂肘部弯曲上举，手腕稍后仰，掌心向上，五指自然分开呈小半球状，利用伸臂动作和手指、手腕的力量将球传出，如图 2-24 所示。

图 2-24

五、正面传球技术基础教学方法

（一）教法

（1）讲解正面传球的概念、动作方法以及各环节技术要点。

（2）边讲解边示范，做到完整—分解—完整示范相结合。

（3）创建教学情境，可利用现代教育技术手段实施教学。

（4）解难答疑，语言提示，巡回指导，反馈控制教学进程。

（二）学法

（1）学生认真听讲，积极思考，充分发挥自身学习的自主性、自觉性。

（2）通过自身的教学实践，举一反三，逐步建立正确的动作概念。

（三）练习方法

（1）徒手模仿传球动作。

要求：手指自然张开稍弯曲，两手组成半球状。

（2）传固定球，一人持球在另一人头上，另一人以传球手型触球，向前上做传球动作。

要求：触球部位正确，手指、手腕协调用力。

（3）每人一球，自抛后用传球手型接住，检查手型及触球部位。

要求：手型和触球部位正确。

（4）近距离对墙连续弹拨球，体会手型。

要求：手型正确，手与球吻合。

（5）两人一组，相距 4～5 m，一抛一传。

要求：抛球弧度适中，手型正确。

（6）两人一组，相距 4～5 m，对传。

要求：协调用力，动作清晰。

（7）网前 2 号、3 号位之间站立，向 4 号位自抛自传。

（8）三人一组站一直线，中间队员背传，两边队员拉开传球。

（9）教师（或学生）从场地中间向 2 号、3 号位之间抛球，学生在 2、3 号位之间取位向 4 号位传球。

（四）传球技术常犯错误和纠正方法

1. 一般传球的常犯错误及纠正方法

（1）手型不正确，两个拇指朝前，造成在传球时，两手手指触球有先后，手腕发力不一致，动作外翻。

纠正方法：

① 做好正确手型，接从墙上反弹回来的球，对照检查手型。

② 做好手型，让球入手，检查手型、球是否吻合。

③ 原地对墙近距离（手型与墙相距一球距离）传球，亦可用软式排球或篮球。

④ 传球前两手拇指朝后，传球时向上，自觉检查对照。

（2）伸臂过早或稍晚，形成传球偏离或偏低。

偏高：容易造成等球，用不上身体力量，手型变形。

偏低：容易产生推球，停球，手型僵硬。

纠正方法：

① 对传球点偏高者，让其多做主动伸臂迎球传球的动作。

② 两人低姿势传平球。

③ 两人相对传高弧度、远距离的球。

④ 对传球点偏低者，让其多做向上低弧度（高于头 1 m 左右）自传球，多做背传传球。

（3）传球时，身体后坐，发力脱节。

纠正方法：

① 多做向前移动传球，或连续向前移动自传。

② 多做深蹲长传练习。

③ 自传高弧度下落球。

④ 传球后，做一次垫球动作。

2. 二传球的常犯错误及纠正方法

（1）不能根据一传来球的落点及时正确选择最有利的位置，形成偏左或偏右传球；边移动边传球；控制球的能力差。

纠正方法：

① 多做无规则、快速移动练习。

② 跑动中变方向制动，再起动。

③ 加大一传难度的训练。

④ 多采用多球训练。

（2）应变能力差，有预期战术意图，没有应变战术意识。

纠正方法：

① 多观摩比赛，分析比赛，总结教训，积累经验，提高战术意识。

② 敢于实践，多参加比赛，在比赛中不能单纯考虑单一完成技术任务，而要强化自己运用技术，组织战术的合理性，达到进攻最有利、效果最好的目的。

（五）传球教学值得注意的几个问题

（1）按常规而论，以整体教学为主，但就其教学过程的不同阶段，则有所不同。开始时，应侧重于手型，两臂上伸的发力，而后是传球点的位置及全身协调配合用力，最后则是手指、手腕的弹送动作的技巧，并以此逐步过渡到球感的形成和控制球的能力上。

（2）开始教学时，多采用正误对比法，针对带有普遍性、易犯的错误动作，简明分析其因果关系，以便学生在实践过程中，自觉进行检查。

（3）在教学过程中，要多结合气排球和触球次数多的练习。开始时，多传短距离、低弧度、力量小、速度慢的球和近距离移动。而后逐步加大距离与传球难度，这样既有利于学生形成正确的手型、准确的传球点，为学生以后传球技术的提高打下良好的基础。

（4）在传球的初期教学中，要使学生的技术掌握得正确，而不发生较大错误，教师要正确地选用一些诱导的辅助练习和形式多样的游戏（包括一些与技术相近的活动性游戏）进行教学，以培养学生对气排球运动的兴趣，激发学生自觉学习的积极性。

（5）各种传球技术的教学顺序：正面传球技术→背面背传技术→调整二传技术→战术二传技术。

（6）注意二传手的训练问题。既要考虑战术配套合练，又要注意单个技术分练，并要求做到以下几点：

① 在技术上要精益求精，不断更新技术。

会：掌握动作要领、技术技能。

熟：动作技术高度自动化。

巧：适时而熟练地根据变化的情况，灵活、合理而有效地运用技术技能。

绝（绝招）：高度熟练技巧，形成专有的技术特点，能得心应手地运用技术，组织战术；处理各种入网球，注意手法，加强训练。

② 网上沿的滚落球，网上沿的反弹球。网中、下沿的弹网球，触网落下球的处理。

③ 比赛意识的培养。

第一，统观全局，时时处处以战术意识配合自己的行动。

第二，具有边移动、边观察、边传球的高超技艺、习惯和能力。

第三，能熟练地根据自己所处的位置，准确判断此时此地双方的对应关系，本方如何前后接应，组成何种战术和下一步行动等。

第四，能鼓励全队，担当起指挥和决策者的作用。

（7）必须使全队队员都要熟练掌握调整二传技术，对攻手传球技术的训练也要被列入训练计划。

第七节　扣　球

扣球是气排球的基本技术之一，是队员跳起在空中，将高于球网上沿的球击入对方场区的一种击球动作。扣球技术在比赛中占有重要的地位，是得分的主要手段，是全队进攻实力的综合体现。

一、正面扣球

正面扣球的动作方法见图 2-25 和图 2-26。

1. 准备姿势

上体稍前倾，两臂放松自然下垂，两眼注视来球，呈稍蹬准备姿势。

2. 助跑

助跑的目的是为了及时接近球，选择合理的起跳点和起跳时机，增加弹跳高度和击球高度。助跑的步法有一步、二步及原地起跳，最常用的是一步、二步助跑。第一步称为定向步，第二步称调整步或起跳步。因人而异，选择适合自己的助跑方式。

图 2-25

图 2-26

3. 起跳

起跳的目的不仅是为了获得击球高度，还为了选择适当的击球时机和击球位置。起跳的方式分为并步起跳和跨跳步起跳两种方式。并步起跳，即当一脚（或右脚）着地后，另一脚（或左脚）再跟上落于该脚的侧前方，随即下肢蹬伸，两脚蹬地起跳。跨步起跳，即当一脚（或右脚）跨出的同时，另一脚也跨出去，两脚几乎同时着地和蹬地起跳。并步起跳能有助于调节起跳时机，适应性较强。跨步起跳有助于增大腿部的蹬地力量，增加弹跳高度。

4. 空中击球

空中击球是扣球技术的关键环节。起跳后，右肘屈肘拉臂，身体向后成反弓形，并稍向右转（右手扣球为例），右肘高于肩，击球时，以迅速地转体、收腹及送肩伸臂动作发力，带动肩、肘、腕、手各环节依次加速成鞭打动作，在右肩前上方击球。击球手法是五指自然张开成勺形，全手掌包住球，击球的后中下部或后中上部，击球瞬间有主动的屈指屈腕动作。

5. 落地

落地时以前脚掌着地，同时顺势屈膝缓冲过渡到全脚掌着地。据资料研究表明，大都是左脚先着地，然后再右脚着地，这主要是因为右手扣球会上伸手臂，而左脚为平衡会先着地。

二、扣快球

快球主要包括近体快球和背快球。两种技术动作结构类似，是指扣球队员在二传传球前或传球的同时起跳，把球扣入对方场区的一种扣球技术。快球的特点是速度快，突然性大，牵制能力强，达到突然袭击对手的目的。

（一）近体快球

在二传队员前面 50 cm 处扣球。在气排球比赛中，一般采用一步助跑和原地起跳，队员助跑方向约与球网呈 45°。随一传助跑到网前，当球到二传手中，扣球队员在二传身前迅速起跳，起跳后身体略后仰，看准来球，当球出网后或达到一定高度时将球击入对方场区。击球时主要利用转体，收腹、收胸、伸肩动作带动前臂和手腕甩腕鞭打击球，以全手掌击球的后中上部，如图 2-27 所示。

图 2-27

（二）扣背快球

在二传背后约 50 cm 处扣快球，其动作方法基本同扣近体快球。扣球队员在二传身后起跳，起跳后身体略后仰，看准二传队员传球，当球出网后或达到一定高度时将球击入对方场区，与近体快球所不同的是，对于扣球队员来说，要与二传队员配合好，适应二传来球。

三、单脚起跳扣球

单脚起跳扣球是指助跑起跳后第二只脚不再踏地面直接向上摆动帮助起跳的一种扣球起跳方法，如图 2-28 所示。由于单脚起跳下蹲较浅，又无明显的制动过程，故比双脚起跳速度更快，而且进攻队员还能在空中移动，网上控制面积更大，具有很大的突然性和应变性。有时队员在来不及用双脚起跳扣球时也采用单脚起跳的方法扣球。

图 2-28

动作方法：采用与球网呈小夹角一步、两步助跑。助跑后，左脚跨出一大步，上体后倾，在右脚向前上方摆动的同时，左脚迅速蹬地起跳，两臂配合摆动，帮助起跳，起跳后扣球动作与正面扣球动作相同。

四、扣球技术的运用

（一）扣近网球

击球点距网 50 cm 左右的扣球被称为扣近网球。扣近网球的特点是击球点高，路线变化多、威力大。在气排球比赛中，受规则进攻线扣球的限制，队员扣近网球时，要求队员具有良好的前冲力和弹跳高度，不然容易造成进攻违例。跳起后，主要利用收胸动作发力，以肩为轴，向前上方挥臂，以全手掌击球的后中上部。击球后，手臂要顺势回收，以防止手触网。

（二）扣远网球

通常把击球点距球网 1.5 ~ 2 m 的扣球称为远网扣球。这种扣球力量大、角度较平。远网扣球时，击球点要保持在右肩前上方最高点，用全手掌击球的后中下部，瞬间击球，手腕要有明显的推压动作，使球呈上旋飞出。

（三）扣调整球

一传不到位，扣由二传或同伴传至进攻线附近的球为扣调整球。扣调整球的难度较大，要求扣球队员能适应来自后场不同方向、角度、弧度、速度和落点的球，以灵活的步法和空中动作，及时调整好人、球、网的位置关系，运用不同的手法控制扣球的力量、方向、路线和落点。在助跑时可边助跑边看球，对小角度的二传来球，队员要后撤判断，斜向助跑，对大角度的二传来球，可采用外绕助跑。

不管扣哪种快球，都有下列要求。

要求一：助跑的步法轻松、快速和富有节奏，起跳时机准确，起跳速度要快；

要求二：击球时主要依靠前臂和手腕的加速甩动击球。

五、扣球技术的几种变化

（一）转体扣球

通过改变上体原来方向而改变扣球路线的扣球被称为转体扣球。转体扣球与正面扣球的动作大致相同，不同的是，应将击球点保持在左侧前上方（以向左转体扣球为例）。击球时，利用向左转体和收腹的动作，带动手臂向左挥动，以全手掌击球的右上部来改变扣球方向，如图 2-29 所示。

图 2-29

（二）转腕扣球

通过转腕动作改变扣球路线的方法被称为转腕扣球。这种扣球虽然力量不大，但路线变化大，易避开对方拦网，转腕扣球一般有以下两种方法：

1. 向外转腕

主要运用于3号位向右转腕扣球和4号位作小斜线扣球，起跳与正面扣球相同。击球时，右肩向上提并向右转，前臂向外转，肘关节伸直，手腕向右甩动，以手掌击球左侧上部，如图2-30所示。

图 2-30

2. 向内转腕

主要用于2号位面对直线打小斜线及在3号位向左转腕扣球，击球时，应保持在左前方击球，前臂内旋，全手掌击球的右侧上部，击球后肘关节可以稍屈。

（三）打手出界

打手出界：扣球队员有意识地使球触击拦网队员的手后飞向场外飞行的一种扣球方法。

4号位扣打手出界球：扣拉开至4号位进攻线附近的来球时，扣球队员在击球瞬间，手腕迅速内转，击球的右侧上部，使球在触拦网手后飞出界外。2号位扣打手出界球与4号位相反，手腕迅速外转，击球的左侧后上部，3号位扣手打出界球，利用转体或转腕扣球，对准拦网者的外侧的手掌，向两边挥臂击球，造成打手出界。

（四）轻扣球

轻扣球：队员佯做大力扣球，但在击球瞬间突然减慢手臂挥动速度，将球轻打在对方空当的一种扣球方法。这种扣球的助跑、起跳、挥臂动作与大力扣球一样，但在击球前，手臂挥动速度突然减慢，手腕放松，以全手掌包满球，轻轻向前上方推搓，使球从拦网者手的上空呈弧线落入对方空当。轻扣最好在拦网者起跳后下落时采用。

（五）吊球

吊球是扣球的一种变化形式。它是以轻巧、灵活的动作，把球吊入对方空当的一种进攻方法。吊球是进攻的一种辅助手段，起跳后，佯做扣球，然后突然改变挥臂扣球的动作，用单手将球从拦网者手上或侧方吊入对方场区空当。

六、正面扣球技术教学方法

（一）教法

（1）讲解正面扣球的概念、动作方法以及各环节技术要点。

（2）边讲解边示范，做到完整—分解—完整示范相结合。

（3）创建教学情境，可利用现代教育技术手段实施教学。

（4）解难答疑，语言提示，巡回指导，反馈控制教学进程。

（二）学法

（1）学生认真听讲，积极思考，充分发挥自身学习的自主性、自觉性。

（2）通过自身的教学实践，举一反三，逐步建立正确动作的概念。

（三）练习方法

（1）按教师口令，随教师做原地起跳、一步助跑起跳、两步助跳起跳。

（2）网前助跑起跳，可以在 4 号位排纵队，也可以在进攻线后，呈一列横队听教师口令一起助跑起跳。

（3）集体徒手模仿扣球挥臂动作。

要求：腰腹带动挥臂，鞭打加速。

（4）对墙（或两人相对、相隔 8 ~ 9 m）原地自抛自扣。

要求：全手掌包住球，强化手法。

（5）对墙连续扣球。

要求：甩腕鞭打，手包满球。

（6）扣固定球：教师站在网前高台上，托球于网上沿，学生助跑起跳扣球。

要求：确定起跳点，保持人与球的关系。

（7）扣抛球：扣球者从 4 号位助跑起跳，把 3 号位教师抛来的球扣过网。

要求：确定起跳时机，保持好击球点。

（8）扣二传球：扣球者从 2 号位助跑起跳，把 3 号位传来的球扣过网。

要求：腰腹带动挥臂，击球压腕。

（四）扣球常犯错误与纠正方法（见表 2-2）

表 2-2

种类	常犯错误	纠正方法
正面扣球	（1）助跑起跳前冲，击球点保持不正确	（1）结合击打教练球，多做徒手助跑起跳练习。 （2）限制性练习：如地上标明起跳点和落地点，防止前冲
	（2）上步起跳的时间过早或过晚	（1）教师用口令、信号或触动队员身体，让学生迅速起动，体会上步时间。 （2）教师抛教练球，语言提示学生上步助跑起跳扣球

续表

种类	常犯错误	纠正方法
正面扣球	（3）挥臂动作不正确（动作僵硬、屈肘）	（1）手持小哑铃挥臂练习。 （2）挥臂打树叶。 （3）掷球（网球）练习
	（4）击球手法不正确	（1）对墙自抛自扣，击出上旋球。 （2）击打固定球，体会全手掌包满球
快球技术	（1）起跳点离网近（出现触网，过中线）	（1）助跑距离不宜过长。 （2）明确二传队员与扣球队员的关系，明确起跳点
	（2）手臂，手腕鞭甩不正确	（1）原地扣球，注意提肩、抬肘甩扣。 （2）网前快速挥臂练习

（五）扣球教学值得注意的几个问题

（1）扣球技术较为复杂，一般采用先分解再完整的教学法进行教学，先分别教鞭打技术、助跑起跳和原地扣球动作，再上网教完整的扣球动作，在学习掌握了正面扣球之后再学习快球等其他扣球技术。

（2）在每次的教学训练中，通过对墙挥臂击球练习和两人一组打防强化学生鞭打技术动作。击球点要保持在右（左）肩的前上方，全手掌包满球。

（3）助跑起跳的练习可安排在准备活动中进行，助跑的步幅由小到大，速度由慢到快，身体重心由高到低，强化学生助跑起跳节奏感的形成。

（4）助跑起跳与击球手法可以同步教学，多做自抛自扣练习。

（5）扣球的位置顺序应为：四号位→二号位→三号位→快球→调整扣球。

（6）先扣一般线路的球后，再扣斜线或直线球。

（7）在学生学习了传、垫技术后，再让其学习扣球，在教学中要求初学者以掌握正确技术为主，然后在掌握正确技术的基础上逐渐增加扣球力量。

第八节　拦　网

拦网是气排球的基本技术之一，是防守反击的第一道防线，是队员靠近球网，将手伸向高于球网上沿阻挡对方来球的行动（拦发球除外）。

从拦网的人数上分，拦网可分为单人拦网和集体拦网，集体拦网又分为双人拦网和三人拦网。

一、单人拦网

（一）动作方法

1. 准备姿势

队员面对球网，两脚左右开立与肩同宽，距离球网 30 ~ 40 cm，两膝稍屈，两手自然弯曲置于胸前。

2. 移动

当球距自己不太远时，可以采用面对球网并步移动的方式。当球距离自己较远时，一般采用交叉步移动或跑步移动的方式。

3. 起跳

重心降低，两膝弯曲，两手摆臂，垂直起跳，两臂从额前平行球网把手伸向对方场地上空。

4. 起跳时机

根据对手二传球弧度的高低、距离球网的远近以及进攻队员的特点，提前判断。

拦网队员起跳时机的把握和运用如下：拦快球时要早于或与对方扣球队员同时起跳；拦对手强攻时，在对方进攻队员空中屈肘拉臂时起跳。

5. 空中击球

起跳后面对球网，含胸收腹，两手从额前平行球网向前上方伸出，两臂伸直，两肩尽量上提。拦击时，两手五指自然张开，手腕稍紧张固定，两手间距离适中（两手太开易漏球），主动屈指屈腕，盖帽捂住球的上方，把球尽可能地拦在对方场区内。

注意：拦击时，根据对方扣球线路变化，拦网队员外侧手拦击时向内转，拦完球后迅速自上而下地收回手臂，以免触网和打伤同伴。

6. 落地

队员前脚掌过渡到全脚掌着地，屈膝缓冲，准备下一个动作，如图 2-31 所示。

图 2-31

（二）技术要点

垂直起跳，含胸收腹，提肩伸臂，屈指屈腕，过网拦击。

二、集体拦网

集体拦网包括双人拦网和三人拦网，在比赛中双人拦网最常用。

（一）双人拦网动作方法

双人拦网是在单人拦网的基础上通过两个人的积极配合组合而成的拦网技术。一般为本队一人原地或并步拦网（定为主拦队员），同伴采用并步或滑步、交叉步移动积极协助本队队员（辅助拦网队员），组织双人有效拦网屏障。

1. 准备姿势

准备姿势同单人拦网相同，根据对手二传传球落点，找准好起跳点。

2. 移动

强攻时，进攻方二传队员通常把球传向 2 号、4 号位，防守方 4 号、2 号位队员人盯人紧盯球的落点，一般采用原地、并步或滑步移动技术封堵对方的直线（主拦队员距边线 30 ~ 50 cm）；3 号位拦网队员采用快速的并步或小交叉步移动技术，与本方的 4 号、2 号位队员并上组成双人拦网（3 号位队员主拦对方进攻队员斜线扣球），眼睛注视来球，屈膝下蹲，做好起跳的准备。

3. 起跳

根据对方进攻队员上步的时机和起跳点，防守方 2 号、3 号位或 3 号、4 号位队员迅速移动，选择好起跳点和起跳时机，同时垂直起跳。

4. 空中击球

摆好拦网手型，两人在空中组成 1 m 左右宽度的有效拦网屏障，封阻对方扣球队员的进攻线路。注意：站在 2 号和 4 号位拦网的队员，外侧手臂拦网时应向内转，防止对手造打手出界，如图 2-32 所示。

图 2-32

5. 落地

队员前脚掌过渡到全脚掌着地，屈膝缓冲，迅速转体面向本方场内，准备下一个动作。

（二）技术要点

积极配合，提肩伸臂，屈指屈腕，形成屏障。

三、拦网技术的运用

（一）拦强攻球

强攻的特点是击球点高，扣球力量大，线路变化多。因此，当拦击对方的强攻时，一般都采用二人或三人集体拦网。

（二）拦快球

快球的特点是速度快、弧度低、击球点离网近，不易变线。防守方多采用单人或双人拦网。要求拦网队员面向对方进攻队员，起跳、伸臂要快，手伸过球网尽量去靠近来球。

四、拦网技术基础教学方法

拦网是一项比较复杂的技术，其教学一般是放在学生学习扣球技术之后进行的。先教原地起跳拦网，然后再教移动拦网和集体拦网。

（一）单人拦网教学方法

1. 教法

（1）教师讲解拦网技术的概念、作用、演变历程、动作方法以及各环节技术要点。

（2）边讲解边示范，做到完整—分解—完整、正面和侧面示范相结合。

（3）创建教学情境，可利用现代教育技术手段实施教学，延长学生记忆感官，启发学生的思维，增强对拦网技术的理性思考。

（4）解难答疑，语言提示，巡回指导，反馈控制教学进程。

2. 学法

（1）学生认真听讲，积极思考，充分发挥自身学习的自主性、自觉性。

（2）通过自身的教学实践，举一反三，逐步建立正确动作的概念。

3. 练习方法

（1）徒手模仿拦网练习。

要求：垂直起跳，含胸收腹。

（2）二人一组，面向站立，一抛一拦练习。

要求：起跳及时，屈指屈腕，触及来球。

（3）原地在网前做徒手拦网起跳练习。

要求：做好拦网手型，垂直起跳，不触网。

（4）二人一组，一人站在高台上持球于网上，另一人跳起拦固定球。

要求：两手自然张开，距离适中，提肩伸臂压腕。

（5）低网扣拦练习。

要求：两手自然张开，距离适中，提肩伸臂压腕。

（6）拦 4 号位扣球。

要求：起跳点正确，起跳时机合理，伸臂屈指屈腕拦击来球。

（二）双人拦网教学方法

1. 教法

（1）教师讲解双人拦网技术的概念、作用、动作方法以及各环节技术要点。

（2）边讲解边示范，做到完整—分解—完整、正面和侧面示范相结合。

（3）创建教学情境，可利用现代教育技术手段实施教学，延长学生记忆感官，启发学生的思维，增强对拦网技术的理性思考。

（4）解难答疑，语言提示，巡回指导，反馈控制教学进程。

2. 学法

（1）学生认真听讲，积极思考，充分发挥自身学习的自主性、自觉性。

（2）通过自身的教学实践，举一反三，逐步建立正确动作的概念。

3. 练习方法

（1）二人一组，面向球网站立，做双人起跳徒手拦网练习。

要求：间隔距离适中，起跳时机合理，提肩伸臂压腕。

（2） 二人一组， 面向墙壁，同时做并步移动练习。

要求：协调配合，步法统一，起跳及时，伸臂压墙壁。

（3）二人一组，面向球网站立于 4 号位，同时向 3、2 号位做并步或交叉步移动起跳拦网练习。

要求：步法一致，协调配合，起跳及时，形成有效的拦网屏障。

（4）3 号位队员面向球网站立于网前，向 2 号、4 号位队员做交叉步或滑步移动起跳拦网练习。

要求：步法正确，起跳及时、有力。

（5）二人一组，原地起跳，拦高台扣球练习。

要求：垂直起跳，四手在网上间隔距离合理，含胸收腹压腕。

（6）3 号位队员面向球网站立于网前，向 2 号位队员移动起跳拦高台扣球练习。

要求：移动快速，起跳时机正确，伸臂压腕。

（7）双人移动拦 4 号位（2 号位）扣球练习。

要求：移动快速，起跳时机正确，含胸收腹、伸臂压腕拦击来球。

（三）拦网技术的常犯错误与纠正方法

1. 起跳时间过早或过远

主要原因：

（1）对于各种近网或远网扣球，强攻或快攻扣球的过网时间概念不清。

（2）没有认真准确地进行判断，盲目起跳。

纠正方法：

（1）讲解分析各种不同形式扣球过网的时机。

（2）拦各种不同性能的扣球，边拦边分析。

（3）运用节奏法，加强信号刺激，提高起跳时机的准确性。

2. 双手前扑、触网

主要原因：

（1）对拦击手法的动作概念不清楚。

（2）拦击发力时，身体收腹动作不充分。

纠正方法：

（1）明确正确的拦击手法。

（2）徒手模仿练习，结合低网做拦网练习，体会伸臂、提肩、屈腕动作。

（3）加强拦网拦击发力时的含胸收腹动作的练习。

3. 过中线或碰网犯规

主要原因：

（1）起跳过于匆忙，向前冲力过大。

（2）腰腹肌力量差，拦网跳起后，不能很好地控制身体。

纠正方法：

（1）加强判断及移动。

（2）提高移动后的制动动作。

（3）加强腰腹肌的力量练习。

4. 手网之间距离过太，球容易从中间漏下

主要原因：

（1）手在网上正确位置的概念不清。

（2）起跳点距网过远。

纠正方法：

（1）徒手在低网边，双手拦对方网上空的固定球。

（2）原地或移动起跳后，伸手拦对方网上空的固定球。

（3）根据本人的身高与弹跳力选择正确的起跳点。

5. 起跳点的选择不准

主要原因：

（1）对各种不同路线扣球的过网位置概念不清。

（2）缺乏判断，盲目起跳。

（3）移动速度跟不上。

纠正方法：

（1）讲解如何判断对方的直线或斜线扣球，以及拦直线或斜线球取位的方法。

（2）拦网前认真观察，提高取位判断的准确性。

（3）在低网或高网，拦固定线路的扣球。

（4）提高移动速度。

（四）拦网教学的注意事项

（1）拦网取位和拦网起跳时机是掌握拦网技术的关键。拦网技术并不复杂，拦网效果的好坏主要体现在判断拦网的时间和起跳拦截的部位上。因此，在学习拦网技术动作的同时，注意重视学生判断能力的提高。

（2）拦网练习，尤其是移动拦网练习对身体负荷较大，因此，移动起跳的拦网练习与原地不起跳的拦网练习要搭配合理。

（3）拦网练习的难度要逐渐提高，一般先学拦固定路线的扣球，再学拦变化路线的扣球；先学拦近网扣球，再学拦远网扣球和各种快攻扣球。

（4）提高学生对拦网重要性的认识，在思想上重视拦网训练。

思考题

1. 准备姿势和移动技术的关系是什么？
2. 移动技术环节包括哪三种？步法有哪些？
3. 何谓鞭打技术？其主要动作环节包括哪三个部分？
4. 怎样开展正面双手垫球技术的教学？
5. 怎样开展插托球技术的教学？
6. 简述正面传球技术动作要领。
7. 发球技术包括哪三个环节？正面上手发球技术动作要领有哪些？
8. 扣球技术包括哪几个环节？其动作要领是什么？
9. 拦网技术易犯哪些错误？如何纠正？
10. 简述单人拦网的动作方法。

第三章

气排球战术

第一节　气排球战术的基本理论

气排球战术是指运动员在比赛中为了战胜对手，依据气排球运动规律及比赛过程中双方的具体情况和临场变化，所采取的有意识、有目的、有组织的行动。

一个队在选择战术时，应根据本队队员特点、阵容配备和合理技术的运用，选择与之相适应的战术，形成自己的风格。

一、气排球战术分类

气排球战术有多种分类方法，常根据气排球战术教学规律和特点，把战术分为个人战术和集体战术两大类。再把集体战术分成进攻和防守战术两大部分。

二、战术意识

战术意识是队员在运动实际中所积累的经验、才能与知识的综合反映，也是队员在比赛中判断能力、反应能力、应变能力以及合理地运用技术和实现战术能力的概括。

战术意识是运动员自觉的心理活动，是反映一个队员是否成熟的重要标志。但战术意识不会自然形成，常与运动员的情绪和意志紧密相连，需要在教学、训练、比赛的过程中精心培养和磨炼。

三、战术与技术

战术与技术两者之间是互相联系、互相依存、互相促进、互相制约的辩证关系。技术是战术的基础，战术是技术的合理组织与有效运用。技术决定战术，战术可以反作用于技术，对技术提出新的要求，促进技术的发展与提高。

四、个人战术与集体战术

个人战术与集体战术的关系是局部和全局的关系，个人战术要促成集体战术的实现，集体战术要有利于发挥个人战术的特长和作用，两者相辅相成，互相弥补。队员在比赛中的技术和个人战术首先必须服从集体战术的需要，在保证实现集体战术的前提下，充分发挥和运用个人战术，丰富全队的战术打法，弥补集体战术的不足。

五、进攻和防守

在气排球比赛中，为了使球落在对方场区或造成对方失误而采取的一切合法手段，都被称为进攻。反之，为了不使球落在本方场区的一切合法手段，均属于防守。

进攻是争取得分的主要手段，加强进攻可以破坏和削弱对方的进攻，从而减轻本方防守的压力，争取比赛的主动权。防守不仅是减少失分的一个重要方面，也是得分的基础。除发球外，每发动一次进攻都是在防守的基础上进行的。可以说没有防守，就没有进攻。防守应该是积极的，有进攻意识的防守。

六、战术系统

战术系统是进攻和防守及其打法的组合运用。依据气排球运动的比赛规律，将气排球战术系统分为接发球及其进攻、接扣球及其进攻、接拦回球及其进攻和接传垫球及其进攻四大战术系统。

（一）接发球及其进攻系统

接起对方发球组织的第一次进攻，简称“一攻”。它一般包括一传、二传、扣球三个环节。

（二）接扣球及其进攻系统

一般采用拦网和后排防守两道防线，在球网上空直接拦击对方的进攻或防起对方的扣球及吊过来的各种球后组织的进攻，俗称“反攻”或“防守反击”。它一般包括拦网、一传、二传、扣球四个环节。

（三）接拦回球及其进攻系统

接起被对方拦回来的球组织的进攻，俗称“保攻”。它一般包括传球或垫球、二传、扣球三个环节。

（四）接传垫球进攻

接起对方以传球、垫球等形式打过来的球后所组成的进攻，俗称“推攻”。它一般包括一传、二传、扣球三个环节。

第二节　阵容配备及位置交换

一、阵容配备

阵容配备就是合理地安排场上队员技术力量的组织形式。

（一）阵容配备的主要形式（五人制气排球）

1. “三二”配备

“三二”配备是指场上队员由两名队员兼职二传和三名进攻队员组成，如图 3-1 所示。

优点：无论位置怎样轮转，前排都能保持一名二传和两名进攻队员，便于组织和发挥攻击力量，给对方的拦网及防守造成困难。

缺点：对两名二传队员的进攻和拦网能力要求较高，前排能传球、拦网，轮转到后排又能参与全队的进攻，会出现两二传在前排的轮次。

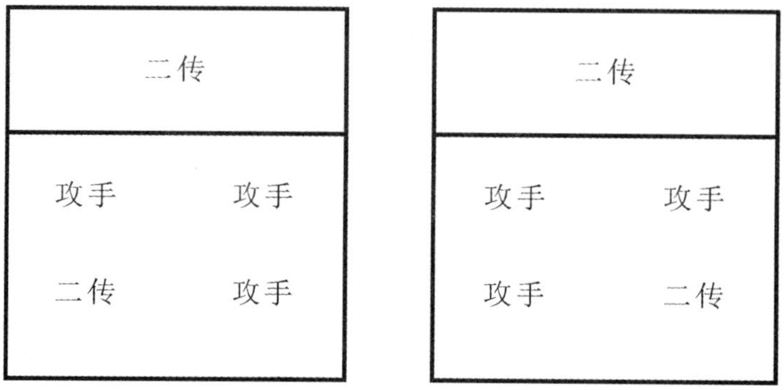

图 3-1

2. “四一”配备

“四一”配备是指场上队员由一名二传队员和四名进攻队员组成，如图 3-2 所示。

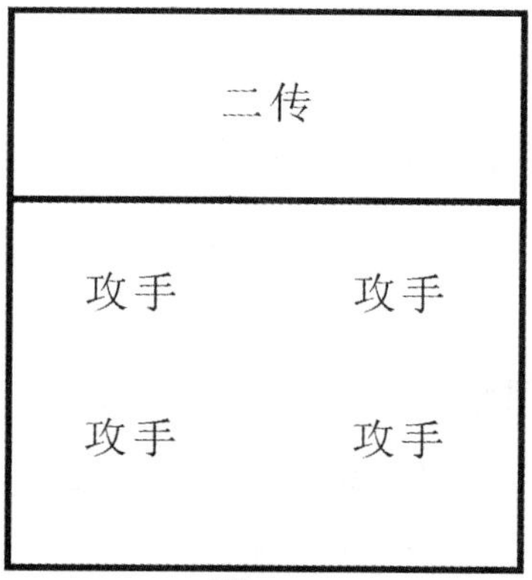

图 3-2

优点：全队只适应一名二传队员的打法，分工明确，相互之间容易建立默契，有利于二传队员统一贯彻战术意图，进攻点多。

缺点：二传队员从 1 号位、5 号位后排插上到前排传球，对全队的攻防转换、战术素养要求较高。

从气排球运动的发展现状看，要求全队队员都应具备攻守平衡的能力，主、副攻队员的界限只有逐渐被打破，才能适应比赛需要。

（二）阵容配备的注意事项

（1）从本队的实际出发，扬长避短，形成自己的风格，把每个队员的特长在不同位置上充分地发挥出来，做到攻守兼备，人尽其用。

（2）考虑进攻队员和二传队员的合理搭配，把平时配合默契的进攻、二传队员安排在相邻或适当的位置上，以便更好地组成战术进攻。

（3）为了避免拦网、一传及防守上的漏洞，应根据队员的身高及技术情况，进行前后排及左右位置的合理搭配。

（4）应考虑前排强弱轮次与发球攻击性的优化组合，前排强轮次，要安排发球稳定性和准确性高的队员发球，以增加得分的机会。攻击力弱的轮次，要安排发球攻击性强的队员，力争破攻，以减轻本方网上的压力。

二、位置交换

（一）位置交换方法

为了最大限度地发挥每个队员的特长，调动一切积极因素，加强攻防力量，弥补由于队员身体条件、体能、技术发展不平衡所带来的缺陷，比赛中，在规则允许的条件下，采用交换位置的方法。

（1）把前排传球能力好的队员放到3号位或2号位。

（2）为了加强进攻力量，发挥队员的进攻特点，把强攻能力强的队员换到最便于扣球的位置上。如：右手扣球队员换到4号位，左手扣球队员换到2号位。

（3）把善于扣快球的队员换到3号位或2号位。

（4）为了加强拦网力量，把身材高、弹跳好、拦网技术好的队员换到拦网任务较重、对方攻击性强的区域，加强本队拦网。

（二）位置交换时的注意事项

（1）发球击球前，应按规则的要求站位，防止出现“位置错误”。在位置交换的过程中，要始终注视对方及本方场上队员的动态。

（2）在发球队员击球的瞬间，即开始换位，应力求迅速换到预定位置，以便准备下一个动作。

（3）接发球时，应首先准备接起对方的发球，然后再进行换位，以免造成接发球失误。

（4）当球被判为死球时，队员应立即返回原位。

第三节　气排球个人战术

个人战术是根据气排球比赛中的临场变化，队员根据个人的特点和战术的需要，有目的、有针对性地运用个人的技术动作。其合理应用可弥补集体战术的不足。个人战术包括发球、二传、扣球、拦网、防守个人战术等。

一、发球个人战术

（一）找人

（1）把球发给对方接发球技术差的队员。

（2）把球发给对方参与进攻的队员。

（3）把球发给插上准备二传的队员。

（4）把球发给接发球连续失误而表现紧张、情绪明显低落的队员。

（二）找区

（1）把球发到对方接发球队员之间的结合处，造成对方让球或抢球现象。

（2）把球发到对方端线和边线交界两侧死角或边线的两腰附近，给对方接发球带来不便。

（3）把球发到对方前场区。

（三）发各种变化球

变化落点、节奏、性能、线路的发球，依据临场比赛的变化情况，做到攻击性发球、准确性发球相结合。

二、二传个人战术

（1）依据本方队员的站位和进攻特点，在传球瞬间快速改变传球方向。

（2）将球传到对方前排拦网薄弱的队员区域，选择拦网突破口，提高全队攻击效果。

（3）根据对方的站位，将球传入对方无人防守的区域或空当较大的地方（注意队员在前场区时，传球的飞行轨迹高于出手点）。

三、扣球个人战术

（1）依据队员的个人身体素质，扣出各种不同线路的直线和斜线、长线与短线球。

（2）运用转体、转腕扣球技术，造成打手出界。

（3）运用平打使球触拦网手后出界或触手飞向后场。

（4）运用轻扣或吊球将球打到拦网手上，使球随对方拦网人一同下落。

（5）在高点改扣为吊，变化扣球节奏，将球吊入对方空当。

（6）避开身体高大和技术好的拦网队员，选择身材矮、弹跳差的队员作为突破口。

四、拦网个人战术

（1）根据对方助跑方向和扣球手臂的挥动方向，拦其扣球主线。

（2）运用取位和空中变化的假动作迷惑对方，如取位直线拦斜线、取位斜线拦直线、拦直线时突然移动手臂拦斜线等。

（3）发现对方打手出界意图后，可在空中及时将手撤回，造成对方扣球出界。

（4）识破对方击球动作后，假拦真防，当对方吊球后，将球接起。

五、接发球个人战术

（1）根据进攻战术需要确定接发球的方向、弧度、速度和落点。

① 组织快攻战术，要求接发球的弧度平、速度快，以加快进攻节奏。

② 组织 3 号、4 号位交叉战术，一传弧度适中，落点要靠近球网中间。

③ 组织 2 号、3 号位交叉战术，一传弧度适中，落点要在 2 号、3 号位之间。

④ 组织两次球战术，接发球的弧度要高，速度可慢，落点靠近进攻线附近，以便扣两次球或转移。

（2）接发球站位时，有意在接发球技术好的队员身侧留出一块空隙，诱使对方发在空当。

（3）接发球站位时，有意让接球差的队员站在对方发不到的位置上，由接发球技术好的队员接球。

（4）如遇对方发球攻击性不强或第三次传垫球过网，一传多采用上手传球、插托及捧球。

六、防守个人战术

（1）如遇对方进攻攻击性不强或第二、三次传垫球过网，一传多采用上手传球、插托球将球击起。

（2）加强判断，根据本方队员拦网情况，及时移动到位，封堵对方的扣球线路，防起球。

（3）防守取位原则：看得见球、卡住主线、取位稍后，不宜冲前。

（4）根据全队防守布局的要求，在首先防守好自己区域的前提下，协同配合，主动出击，弥补空当，不让球落地。

（5）防守应根据对方扣球队员的挥臂动作和手法的变化，及时改变身体重心的位置以便向相关方向快速移动。

（6）防守也要根据比赛时的比分情况，来分析和揣摩对方扣球队员的心理活动，以便采取有针对性的防守措施。

第四节　气排球集体战术

一、排球集体战术概念

在气排球比赛中，为战胜对手，队员之间合理地运用各种攻防技术所采取的有目的、有组织、有针对性的集体行动。

二、进攻战术

（一）进攻阵型

1.“中一二”进攻阵型（见图 3-3）

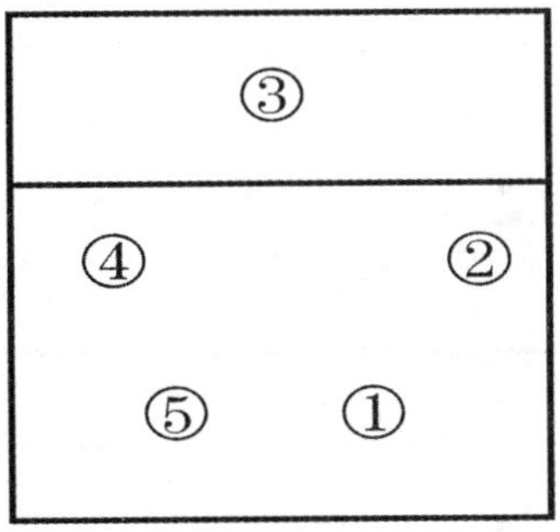

图 3-3

前排中间的 3 号位队员作二传，把球传给两边的 2 号、4 号位队员进攻，这种进攻的组织形式就叫“中一二”进攻阵型。

如果二传队员轮转到 2 号、4 号位时，可以在对方发球后换到 3 号位来，其站位方法，如图 3-4 所示（称边换中）。

优点：一传向网前中间 3 号位垫球，二传队员在网前接应一传的移动距离近，向 2、4 号位传球的距离较短，利于组成进攻。

缺点：战术变化少，进攻点容易暴露。

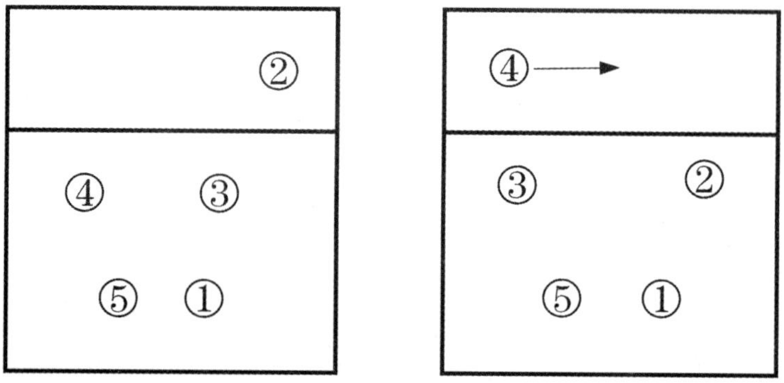

图 3-4

2.“边一二”进攻阵型（见图 3-5）

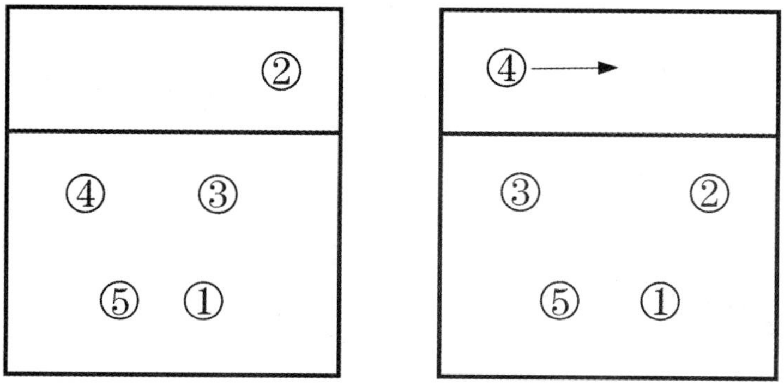

（a）正边一二　　（b）反边一二

图 3-5

前排 2 号位队员作二传，把球传给 3 号、4 号位队员进攻，这种进攻的组织形式就叫“边一二”进攻阵型（正“边一二”）。反之，前排 4 号位队员作二传，把球传给 3 号、2 号位队员进攻，这种进攻的组织形式就叫“反边一二”进攻阵型。

优点：可采用快球掩护，拉开进攻、梯次进攻、交叉进攻战术，战术变化也多。

缺点：对一传要求较高，有时二传跑动距离长，接应较困难。

3.“插上”进攻阵型（见图 3-6）

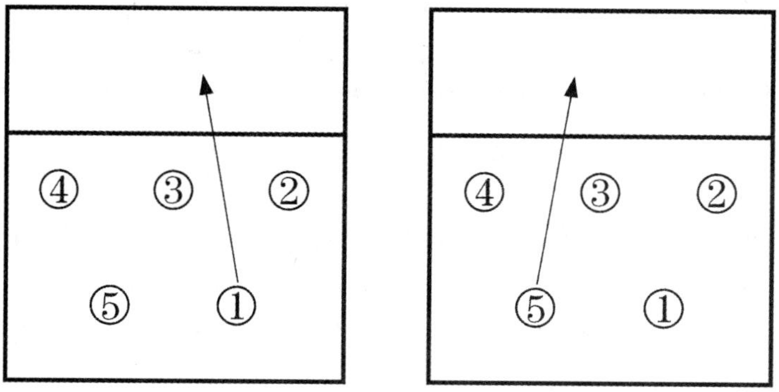

图 3-6

二传轮转到 1 号位和 5 号位位置上时，由后排插上到前排作二传，将球传给前排 4 号、3 号、2 号位队员进攻，这种进攻的组织形式即为“插上”进攻阵型。

优点：进攻战术变化多，能利用球网的宽度组织进攻。

缺点：对二传队员的插上和后撤意识要求较高，队员之间要有良好的攻防战术素养。

由于气排球比赛攻防转换速度节奏较快，这种阵型一般在本方连续出现卡轮和前排队员无法组织进攻的前提下采用。

（二）进攻打法

进攻战术打法是指二传队员与扣球队员之间所组织的各种进攻配合，包括强攻、快攻、一次球进攻和两次球进攻及其转移。

1. 强攻

强攻指在没有同伴掩护或掩护较少的情况下，主要凭借队员个人的身高、力量和扣球技巧，强行突破对方的防守而所采用的一种进攻手段，如图 3-7 所示。

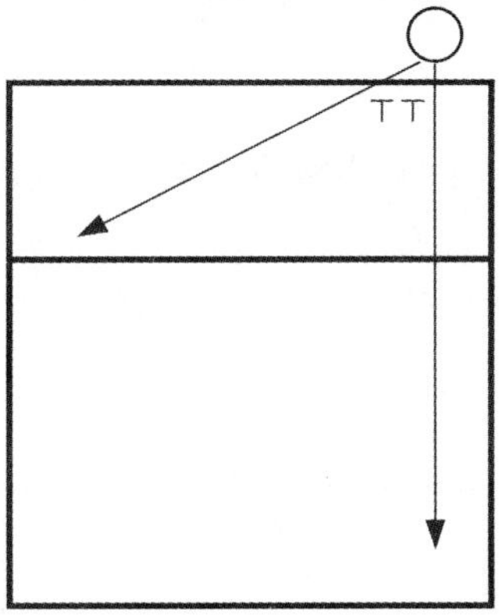

图 3-7

（1）集中进攻，如图 3-7 所示。

集中进攻是指组织比较集中的不拉开的高球进攻，扣球队员容易掌握这种打法，适合初学者和水平较低的队伍运用。

（2）拉开进攻。

二传队员将球传到进攻线与边线附近进行扣球的打法就叫作拉开进攻。“拉开”进攻可以扩大攻击面，造成对方拦网困难。“拉开”进攻的扣球路线较广，能扣直线和小斜线，有利于避开拦网，但也易于打手出界。

（3）调整进攻。

当一传不到位时，需要二传队员或其他队员把球调整到有利于扣球的位置进行强攻的打法被称为调整进攻，在接扣球反击中运用较多。调整进攻要有一定的高度和力量，才能突破对方的拦防。

2. 快攻

快攻指利用各种快球以及快攻作掩护，由同伴或本人所实施的进攻。

（1）快球进攻。

二传队员将球快而平地传给扣球队员，扣球队员快速挥臂击球。特点是速度快、突然性大，掩护作用强，如图 3-8 所示。在气排球比赛中，常用的快球进攻有：近体快、背快、单脚起跳快球。

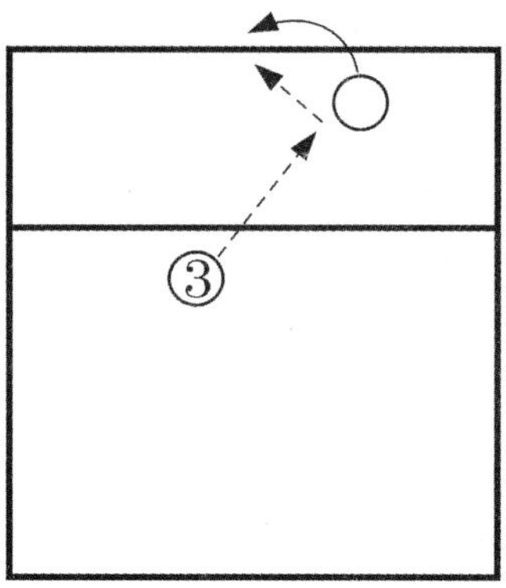

图 3-8

（2）交叉进攻。

交叉进攻是两名队员跑动进攻，助跑路线相交叉，起到互相掩护的作用，造成局部区域以多打少的局面，交叉进攻打法有多种。

① 前交叉：4 号位队员内切做近体快或短平快掩护，3 号位队员跑动到 4 号位附近扣半高球。两名进攻队员都站位于二传身前，如图 3-9 所示。

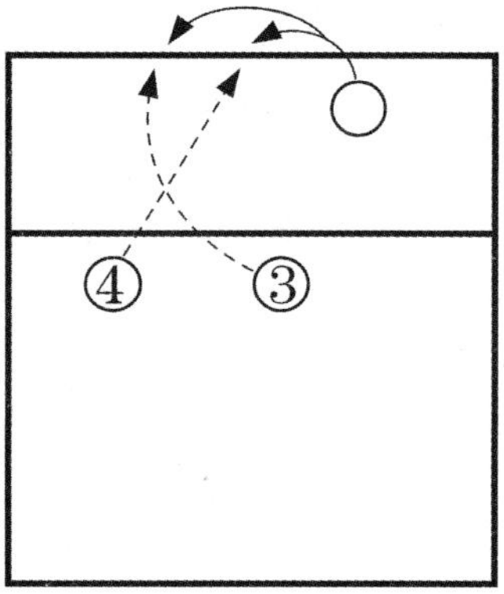

图 3-9

② 后交叉：3 号位队员做近体快球掩护，二传队员身后的 2 号位队员跑动到二传队员前面扣半高球。其中两名进攻队员一人站位于二传身前，另一人处于身后，如图 3-10 所示。

③ 背交叉：2 号位队员做背快掩护，3 号位跑动到二传背后扣半高球，如图 3-11 所示。

交叉进攻突然性大，攻击性强。运用交叉进攻时，交叉跑动的扣球队员在一传球即将到达二传队员手中时，开始上步为宜，起动过早，易被对方识破或影响快球队员的跑动。

3. 梯次进攻

采用 5 或 1 号位做快球掩护，1 或 5 号位队员在他身后扣半高球，如图 3-12 所示。

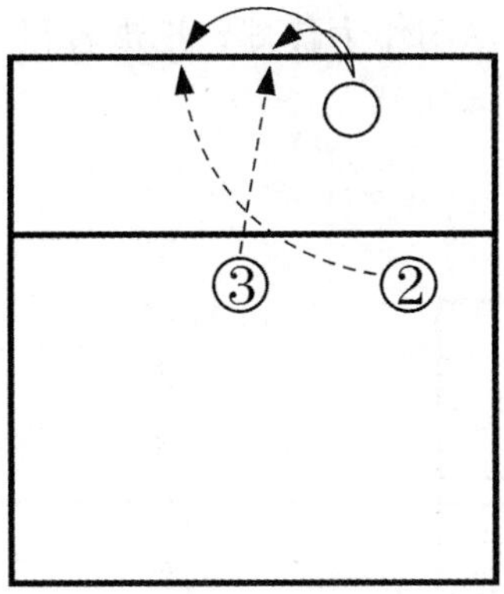

图 3-10

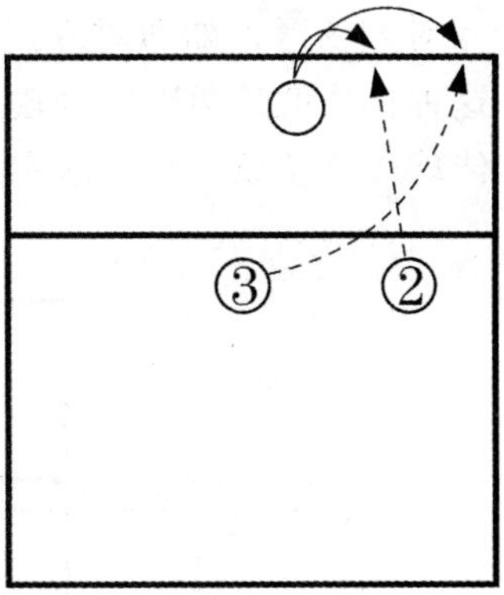

图 3-11

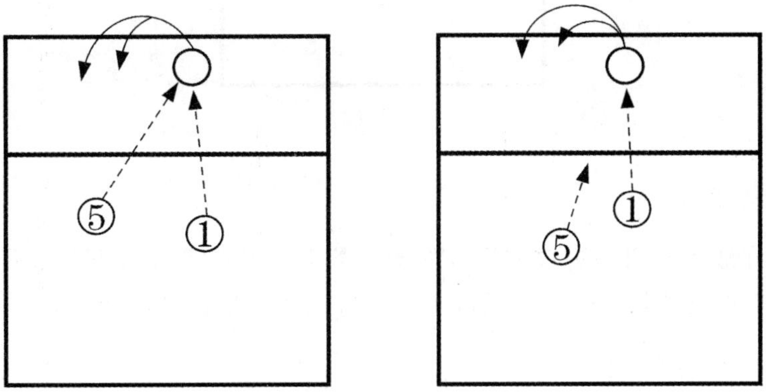

图 3-12

4. 一次球进攻

在气排球比赛中，对方传垫球无攻过网，球在防守方网前区域 2 米线进攻适当位置，防守方队员在进攻线后起跳，将球击入对方场区的一种进攻打法，如图 3-13 所示。

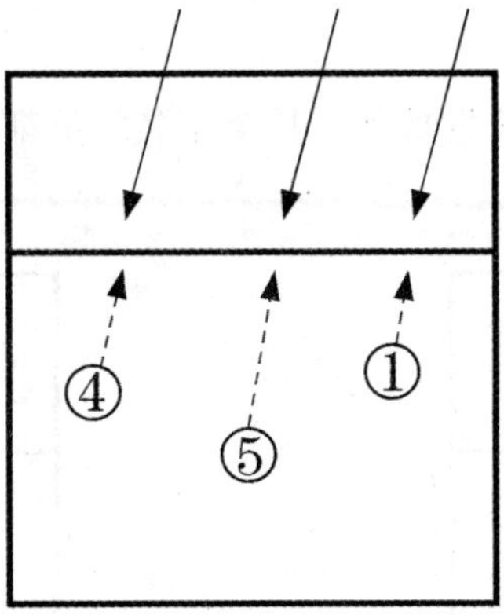

图 3-13

特点是突然性大，容易破坏对手的攻防节奏。

5. 两次球进攻及其转移

本方队员一传来球较好，又在网前适合扣球的位置时，本方队员在进攻线后跳起来直接准备将球击入对方场区；如遇对方拦网，就在空中改扣球动作为传球，把球转移给其他同伴队员进攻，这种打法就是两次球进攻及其转移，如图 3-14 所示。

特点：传球线路长短变化，虚实结合，掩护性强。

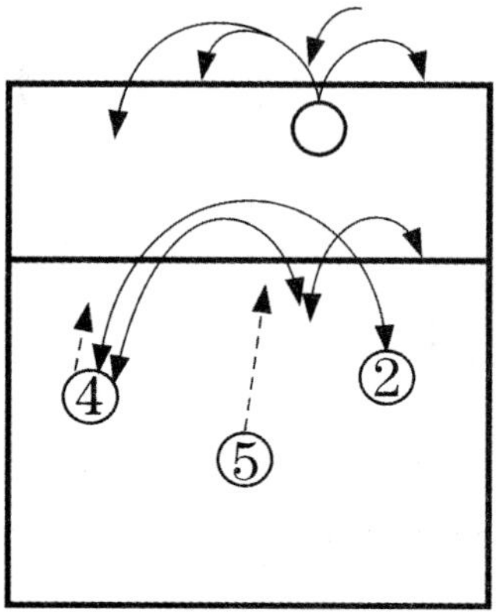

图 3-14

三、防守战术

气排球的防守战术是组织进攻或反攻战术的基础，没有严密的防守，进攻就无从组织，一切防守战术都应站在积极为进攻和反攻创造条件的角度进行设计和考虑。

（一）接发球站位阵型

1. 五人接发球站位阵型

这种站位阵型只适合于接发球能力较差，需二传下撤接球的情形。优点是多一人参与接发球，相对保证接发球的质量；缺点是不利于快速地组织进攻，一般为“W”形，如图 3-15 所示。

2. 四人接发球站位阵型

（1）“一三一”接发球站位阵型。

除一名二传队员站在网前不接发球外，其余 4 名队员都担负起接一传的任务。站位队形，如图 3-16 所示。

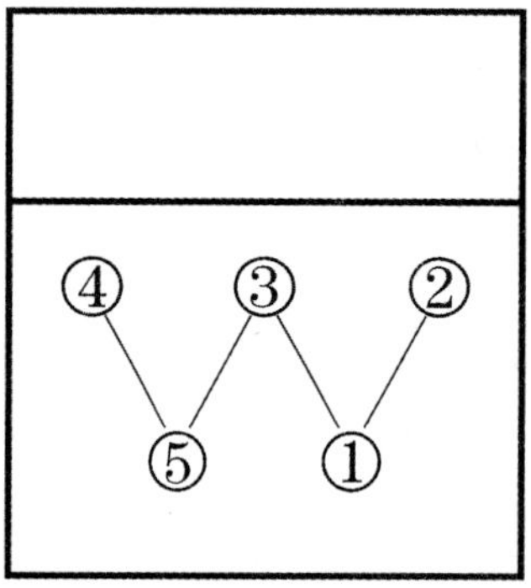

图 3-15

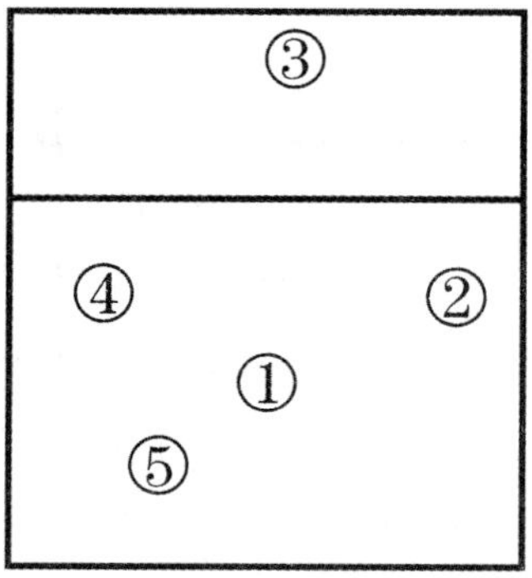

图 3-16

优点：队员均衡分布，分工明确。

缺点：2 号位或 4 号位位置上的队员身后空当较大。

（2）“一”字形站位阵型。

“一”字形站位阵型主要是对付对方的跳发球、大力发球时采用。该类发球的落点是落在中后场区，后场区 4 名队员“一”字排开，每人接发球守一条线，如图 3-17 所示。

3. “盆形”站位阵型

“浅盆形”站位，如图 3-18 所示。

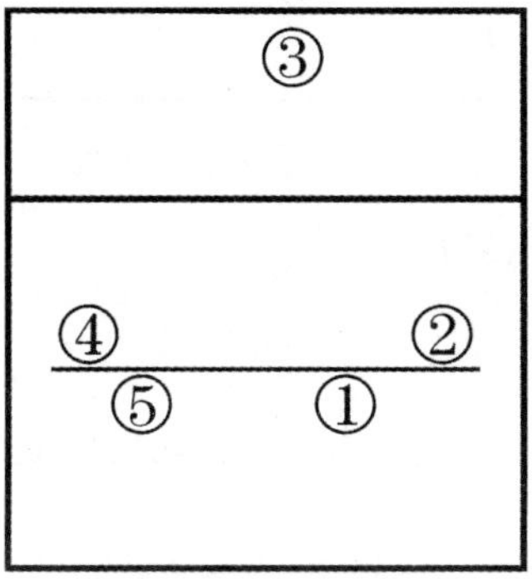

图 3-17

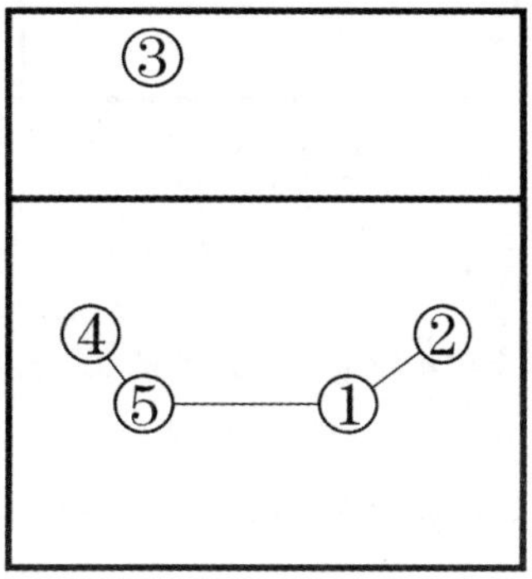

图 3-18

“深盆形”站位，如图 3-19 所示。

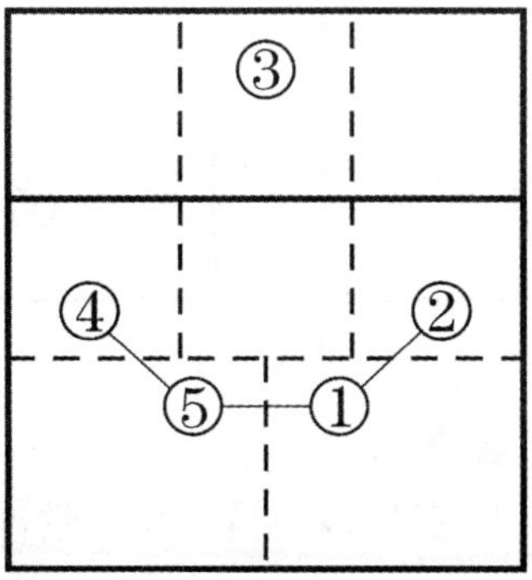

图 3-19

“盆形”站位主要是针对对方发球落点偏后或速度平快的发球。优点是有利于快速地组织进攻，缺点是场地中空当较大。

（二）接扣球防守阵型

1. 单人拦网的防守阵型

当对方扣球威胁不大，扣球路线变化不多，轻打吊球较多时，可以主动采用单人拦网的防守阵型。

（1）与对方扣球队员相对应位置上的队员拦网阵型，如图 3-20 所示。

（2）固定由 3 号位队员拦网阵型，如图 3-21 所示。

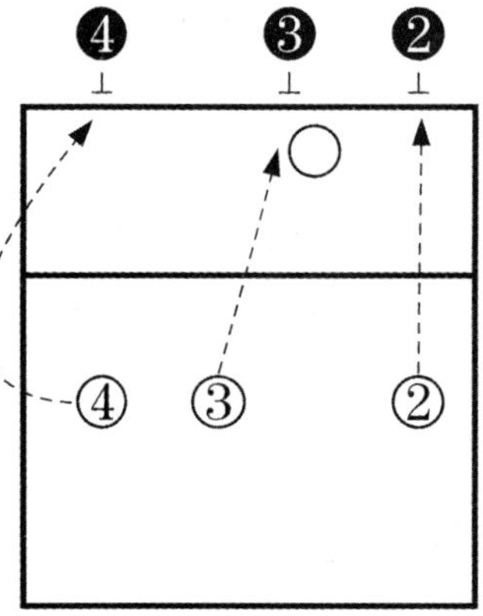

图 3-20

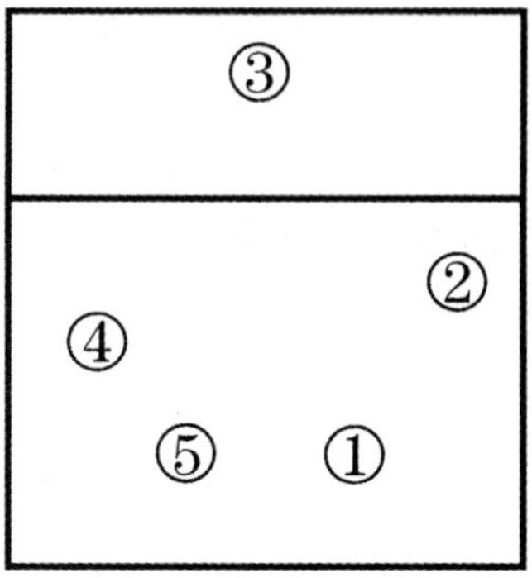

图 3-21

注：对方 2、4 号位队员扣球，3 号位队员左右移动拦网。

2. 双人拦网的防守阵型及其变化

对方水平较高，进攻力量较强，进攻线路变化较多时，多采用这种防守阵型，即两人拦网，3 人组成半圆弧形防守，如图 3-22 所示。

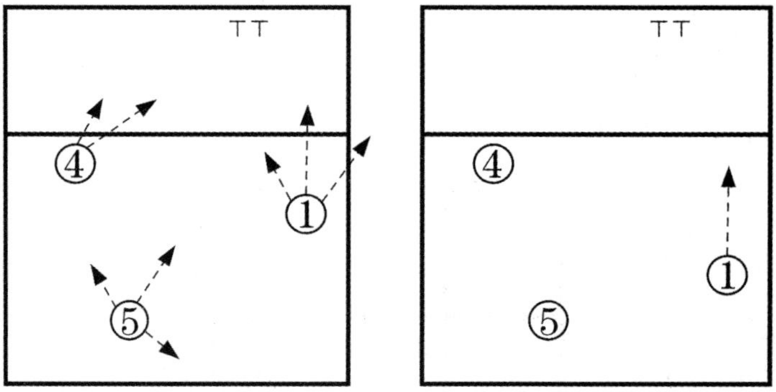

图 3-22

3. 三人拦网时的防守阵型及其变化

在对方扣球队员攻击性强、线路变化多、吊球少的情况下，前排采取三人拦网。主要是拦对方的强攻，如图 3-23 所示。

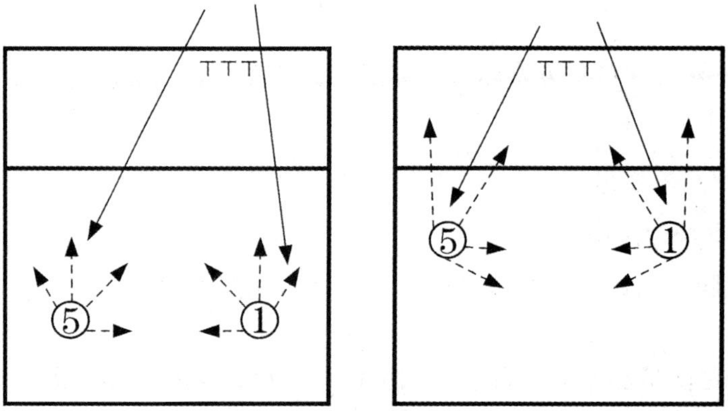

图 3-23

拦网的基本要求：

（1）集体拦网时，要确定拦网的主拦队员，如拦对方两翼进攻，本方分别以 2 号、4 号位队员为主拦，其他队员密切协同配合，组成拦网屏障。

（2）起跳时，相互之间要保持一定的间距距离，并控制好身体重心，避免互相干扰和冲撞。

（3）拦网时，尽可能地扩大拦网阻截面，拦网队员手与手之间的距离不能太大，以免漏球。

（三）接拦回球防守阵型

1. “二二”阵型

4 号位扣球，3、5 号队员负责前场区，2、1 号位队员负责中场区和后场区，如图 3-24 所示。这种阵型在对方拦网一般，拦回球落点较分散时采用。

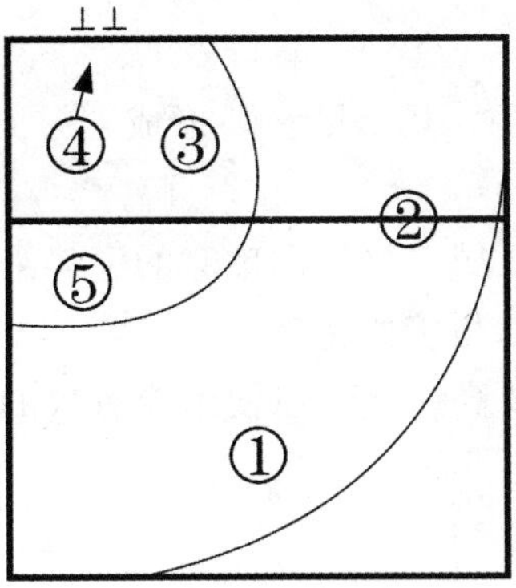

图 3-24

2. “三一”阵型

4 号位扣球，3、2、5 号位队员负责网前和前场区，1 号位主要负责后场区，如图 3-25 所示。这种阵型在对方拦网能力强，拦回球落点在网前较集中时采用。

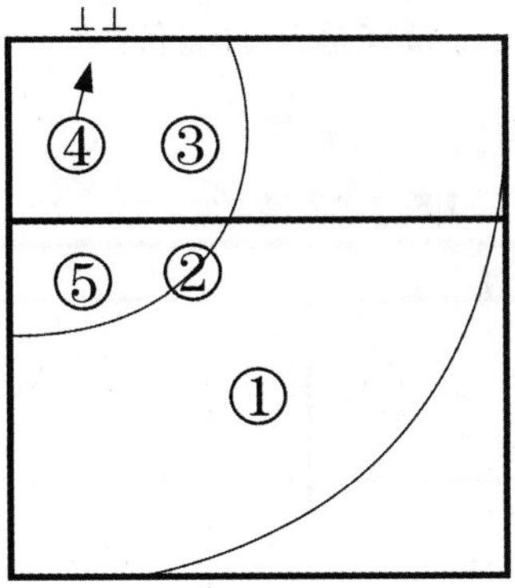

图 3-25

3. “一三”阵型

1 或 5 号位从场地中间扣球，5 或 1 号位队员跟进保护，与 2、4 号位队员组成半弧形，负责防守前场及中后场的拦回球，如图 3-26 所示。

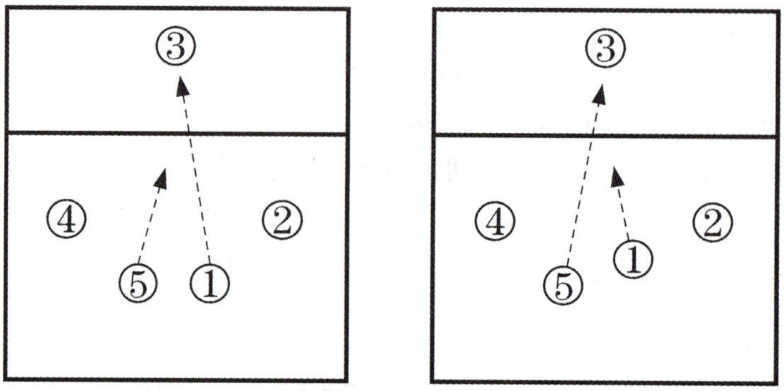

图 3-26

接拦回球的基本要求：

（1）本方扣球时必须加强保护，场上队员要形成“一人扣球，全体防拦回球”的整体防拦回球意识。

（2）前场为重点防拦回球的区域，接拦回球时的姿势采用低重心。

（3）二传队员传球后应及时参与接拦回球。

（4）接拦回球时的起球弧度要高一点，以便组成有效的进攻。

（四）接传、垫球的防守阵型

当对方无法组织进攻，被迫用传、垫球将球击入本方时，我方的防守便称之为接传、垫球的防守。

1. 基本要求

由于来球的攻击性小，我方的防守阵型与不拦网情况下的防守阵型相同，即前排除二传队员外，其他的队员都迅速后撤到各自的位置，准备接球后组织进攻，需要注意的是在后撤和换位的过程中，动作要迅速并随时做好接球的准备。

2. 多采用“中一二”和“边一二”阵型

目的在于便于本队组织防反，如图 3-27 所示。

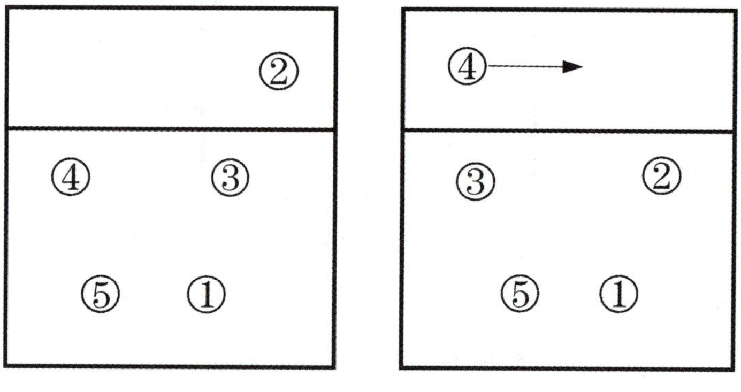

图 3-27

四、气排球进攻战术教学

（一）基本要求

（1）“中一二”进攻：二传队员具有正面一般传球和背传一般球的能力，进攻队员应掌握4、2号位正面扣球技术。

（2）“边一二”进攻：二传队员具有传快球和拉开球的能力，3号位队员扣快球，4号位队员扣拉开球。

（3）场上队员具有接发球、接扣球的能力。

（二）“中一二”“边一二”进攻战术教学法

（1）用沙盘演示或在场上让学生站位演示，讲解“中一二”“边一二”进攻阵型及打法。

（2）教师抛球组织“中一二”“边一二”进攻阵型。

（3）教师在对面场区抛球或在发球区发球，队员接起后组织“中一二”“边一二”进攻。

（4）在教学比赛中组织“中一二”“边一二”进攻战术。

五、气排球防守战术教学法

（一）接发球战术教学法

（1）在场上让学生演示并讲解接发球站位，重点强调各位置的作用和相互关系。

（2）徒手跑位，明确每个位置的作用。

（3）隔网近距离接抛球。

（4）接发一般球。

（5）实战练习。

（二）单人拦网下防守阵型教学

（1）在场上让学生演示站位、讲解各位置作用。

（2）接教师从网对面4、2号位抛（或轻打）过来的球，组织反攻。

（3）接教师的高台扣球，组织反攻。

（4）接4、2号位扣球组织反攻。

（三）双人拦网下防守阵型教学

同单人拦网下防守教学法，用双人拦网。

（四）接拦回球教学

（1）讲解示范场上保护接拦回球的位置、作用。

（2）本方4号位扣球，对方双人拦网，其他队员组织保护。

思考题

1. 图示并说明“中一二”进攻阵型。

2. 图示并说明“边一二”进攻阵型。
3. 图示并说明单人拦网下的防守阵型。
4. 图示并说明双人拦网下防守阵型。
5. 图示并说明三人拦网下防守阵型。
6. 图示并说明“二二”“三一”接拦回球的防守阵型。

第四章

气排球练习法

第一节　准备姿势和移动技术练习法

一、准备姿势徒手练习

由于准备姿势动作方法简单，不易引起重视。所以，教师在教学开始时应强调准备姿势在比赛中的重要性，并在练习中严格要求。

（1）学生试做各种准备姿势。

主要建立初步概念，体会完整动作。

（2）根据教师的信号做各种准备姿势。

采用集体进行的方式，教师纠正动作。

（3）学生分成两排面对面站立，轮流做各种准备姿势。一排做动作，另一排纠正动作，两排学生互教互学。

（4）全体学生站成 2 ~ 4 列横队，两队面对面站立，相距 5 m。教师双臂向前平举时，学生做半蹲准备姿势；教师做向上举手臂时，学生做稍蹲的准备姿势；教师左手向下时，学生做深蹲准备姿势，如此反复进行。教师要纠正姿势，学生也可互教互学。

（5）原地纵跳三次或跳起转体 360°后，学生立即做好各种准备姿势。

（6）学生原地坐下，看到教师的手势后立即起立做好各种准备姿势。

（7）学生原地仰卧起坐三次，看到教师的手势后立即起立做各种准备姿势。

（8）学生原地俯卧撑三次，看到教师的手势后立即起立做各种准备姿势。

（9）原地跑步，在跑的过程中，看到教师的手势后，立即做各种准备姿势。

要求：动作要做得迅速、正确。

（10）学生手拉手，面向内站成圆圈，每人站成半蹲（或稍蹲）的准备姿势，按教师的手势做顺时针或逆时针方向的快速跳跃或移动，当教师的手势突然停止时，学生立即放开手，并在原地做各种准备姿势。

（11）学生绕排球场慢跑，当看到教师的信号后立即做出各种准备姿势。

总的要求：在以上的练习中，教师必须强调三种准备姿势（稍蹲、半蹲和深蹲）的动作要做得正确，变化要快。

二、移动练习

在移动教法中，一方面要经常强化其重要性，另一方面要结合准备姿势进行。要求学生在移动前或快速移动后仍要保持正确的准备姿势。

（1）学生试做各种移动练习。

建立初步动作概念，体会完整动作。

（2）根据教师的手势做向前、后、左、右的各种移动。

要求：快速移动，防止跳动，移动后应保持好准备姿势。

（3）站成一路纵队或半蹲准备姿势，在相距 1 m 或 2 m 的两条线上同时做快速左右移动。

要求：同上。

（4）看教师手势做跑步移动，听哨音或看手势即停，并面向教师成各种准备姿势，检查动作是否正确。

（5）学生成圆圈队形，教师向空间抛球，当教师接住球时即停下做好准备姿势，检查动作是否正确。

（6）三人一组，平行站在端线后，学生原地快速小步跑，看到教师手势信号后，快速起动冲刺跑 6 m 或跑过球网。

（7）队形同上，学生坐在地上（或做各种不同姿势），看教师手势信号后快速起动冲刺。

（8）队形同上，先跑 4 m，后退 2 m，再向前 4 m，再退 2 m，如此前进到对方端线。

（9）方法同上，侧面对网，用交叉步或滑步方向进行。

（10）队形同上，在端线做原地高抬腿 5 次，变小步跑 5 次，再向后转身跳 2 次，然后向前冲刺过中线。

（11）学生站在球网与进攻线之间，低姿势做 2 m 来回快速移动，并用手摸中线和两米线。若干次为一组。

（12）学生在网下做 4 m 来回横向移动，并用手摸进攻线。若干次为一组。

（13）学生面对球网做 6 m 来回移动，并用手摸边线，若干次为一组。

在以上（11）（12）（13）的练习中，要求学生在快速移动中应保持正确的准备姿势。

（14）全体学生站成 2～3 列横队做半蹲准备姿势。教师向空中抛球，学生立即迅速向前移动，在球下落时，如教师接着，学生则迅速向后移动；如球直接落地，学生则做低姿势准备姿势。

（15）全体学生分成三组，在球场端线处站成一路纵队。场上分别各置一定距离和间隔的 6 个实心球，由排头开始向斜前方做徒手跨步传球或垫球的练习，如图 4-1 所示。

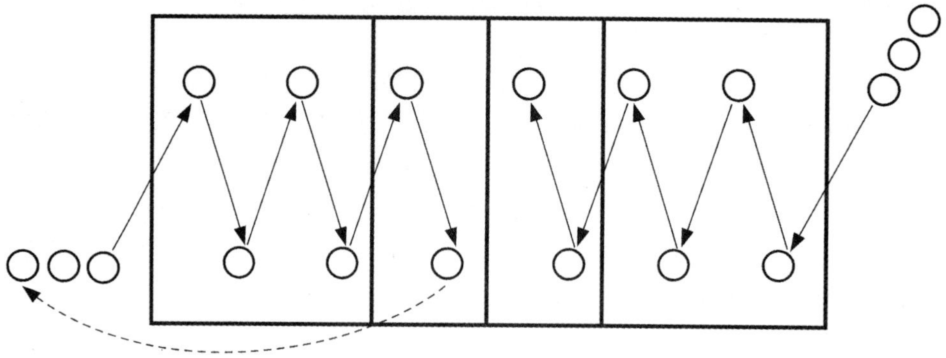

图 4-1

要求：以正确跨步动作完成，最后一步身体要正对实心球。

（16）全体学生分成两组，成一路纵队各站于球场端线处，场上分别各置一定间隔和距离的实心球，由排头开始做两个向前移动、两个向左移动的交叉步，再做两个向后退的移动、两个向右的交叉步（徒手作传或垫球动作进行），如图 4-2 所示。

要求：以正确的移动步法完成，最后一步身体要正对实心球。

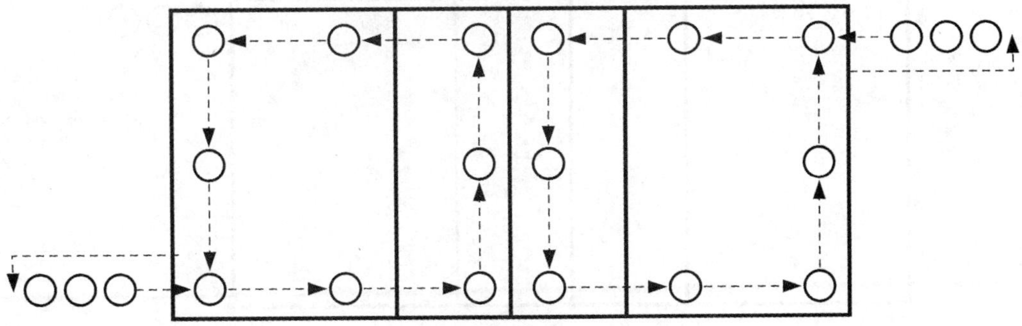

图 4-2

（17）全体学生成一路纵队，利用气排球场上各条线做向前或向后并步移动，以及做向左或向右交叉步移动，但身体始终对准球网，如图 4-3 所示。

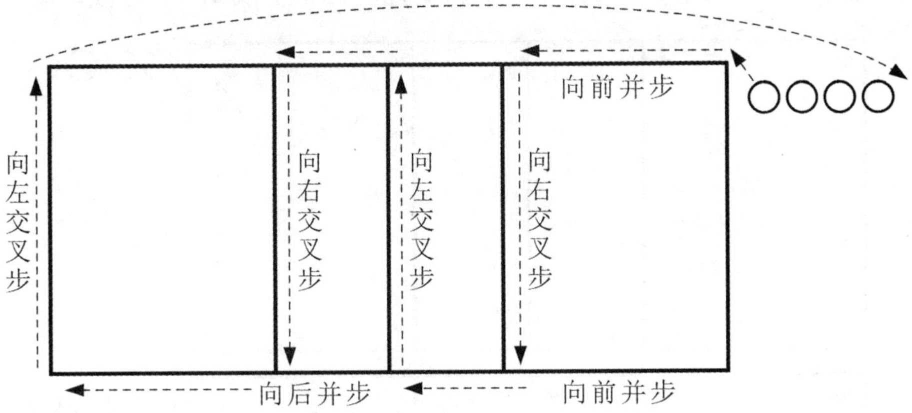

图 4-3

（18）全体学生成一路纵队，围绕气排球场做如下移动练习（应注意：学生的眼睛始终对着球网），如图 4-4 所示。

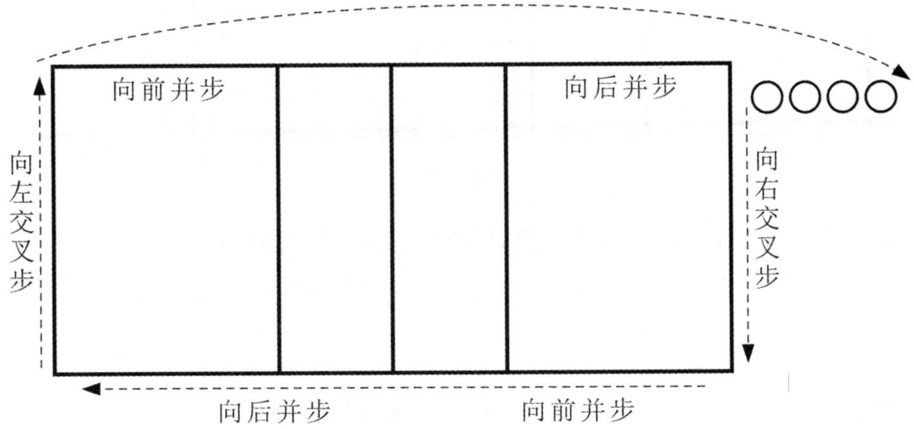

图 4-4

（19）全体学生成一路纵队，围绕气排球场（面向球场）做并步与交叉移动练习，如图 4-5 所示。

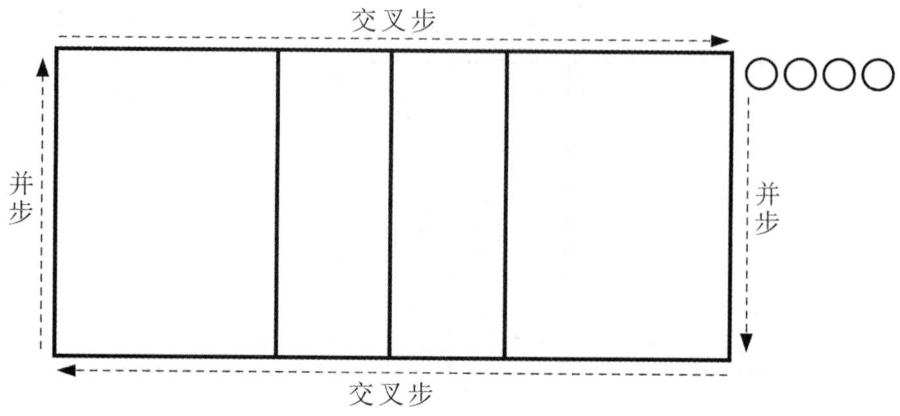

图 4-5

（20）全体学生成一路纵队，按图 4-6 所示的方法，在快速移动中，手摸球场边线练习。

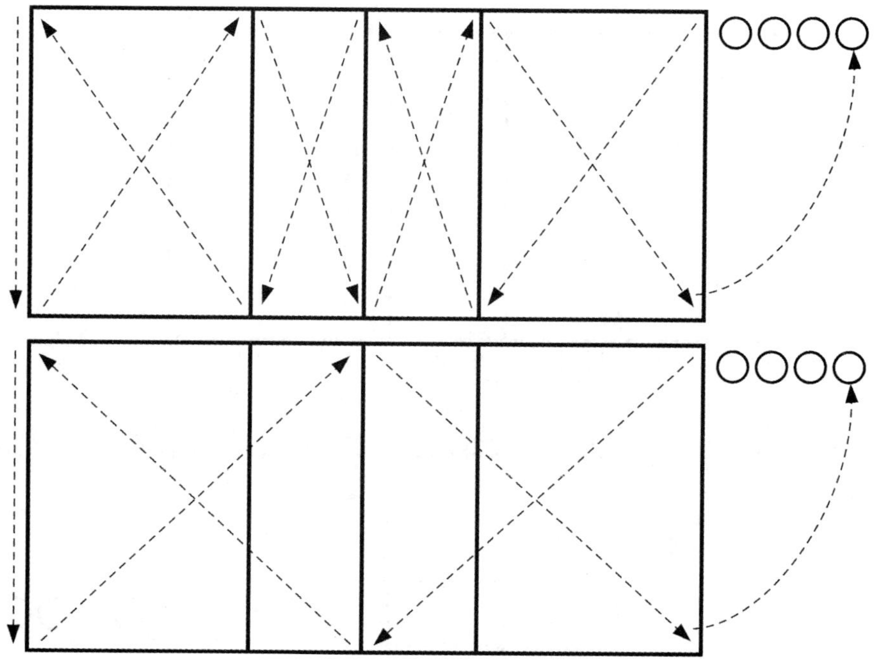

图 4-6

（21）全体学生成一路纵队，围绕气排球场做慢跑及冲刺跑练习。

（22）两人隔网面对面站，一人注意向两侧自由来回移动，力图把对方引开而从网下钻过去，对方力争截住。

三、结合游戏开展准备姿势和移动技术的教学

由于准备姿势和移动的动作方法比较简单；在练习中比较枯燥，往往不易引起重视，为了吸引学生认真进行练习，提高准备姿势和移动技术；可利用游戏的形式进行，以提高学生的兴趣。

1.“护球游戏”

场上画一直径 6 m 的圆圈，圈内再画一个 2 m 直径的小圆圈，小圆中放一个气排球，如图 4-7 所示。开始时，站在小圈外的两名学生成半蹲姿势移动防守护球，站在大圆上的学生用两个气排球互相传球，并伺机用地滚球的方式击打小圆圈里的球，如球被击中，击球人与防守人互换。注意：击球时，只准掷地滚球。

2.“猎人打鸭子游戏”

场上画一直径 6 m 的大圆圈，全体学生分成两个组，人数相等。一组分散站在圆外，另一组随意站在圈内，如图 4-8 所示。开始时，外圈的一组学生用 1 ~ 2 个球掷击圈内的人（必须击在髋关节以下），被击中者退出圈外。在一定时间内，以被击中的人数最少者为胜，两组轮换进行。

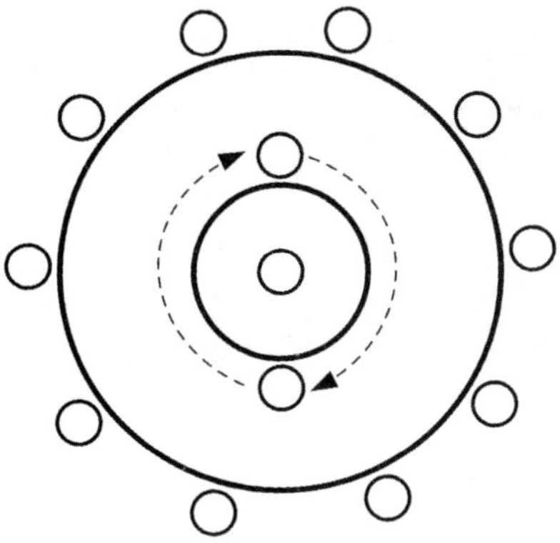

图 4-7

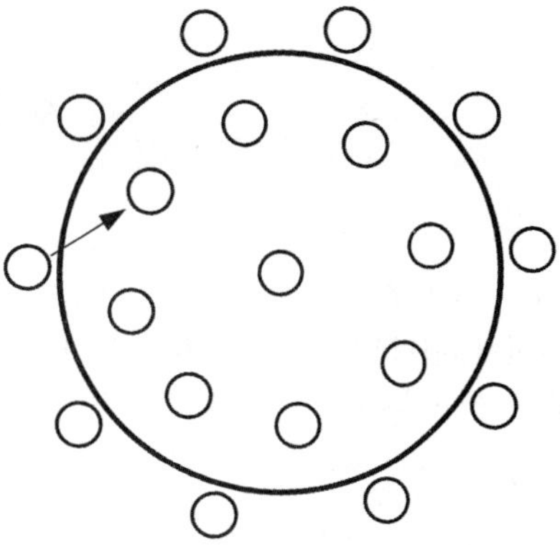

图 4-8

3.“打手就跑游戏”

两人面对面站立，甲伸出手掌，乙可以虚虚实实地突然打甲手掌，并立即转身向后跑。甲手一旦被打，立即向前追乙，只要在 6 m 之内，用手拍着乙，则两人交换打手，继续游戏。如图 4-9 所示。

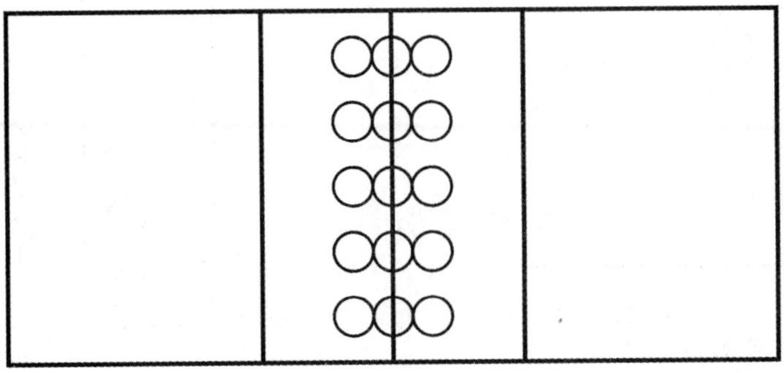

图 4-9

4.“打背游戏”

两人一组，面对面站成半蹲准备姿势。开始时，双方千方百计地用手拍对方的背，但又不让对方拍到自己的背（双方可以躲闪），在一定时间内，拍到对方的背次数多者为胜。

5.“四角接力跑游戏”

将全体学生分成相等的两个组，站在气排球半场线上，如图 4-10 所示。开始时，各组第一名快速到 1 号区用手触线，然后跑到 2 号区、3 号区用手触线，最后跑回本组拍第二名的手。第二名按第一名的方法做，依次类推，每组每人都做一次，先完者为胜。

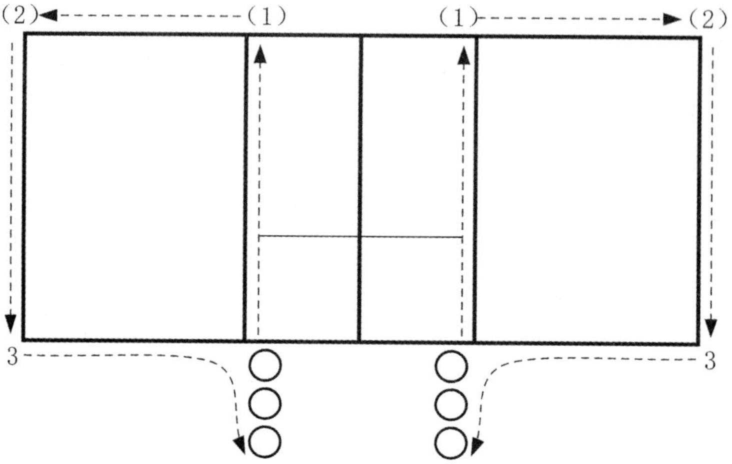

图 4-10

6.“线上追人游戏”

找出一名追者，其他学生为逃者，分散站在气排球场线上，如图 4-11 所示。开始时，追者沿着线上追拍打逃者，逃者在线上想办法不让追者拍着，当追者拍到逃者后，则两人互相交换角色，继续进行。

7.“滚地搏球游戏”

每人持一只气排球分散在半场内，如图 4-12 所示。开始时，每人成半蹲姿势在地上向前后、左右滚动气排球。在就地滚球的过程中，要求学生注意相互之间不要碰撞，想方设法躲过对方的球，在一定时间内，以谁的球碰到对方的球的次数最少者为胜。

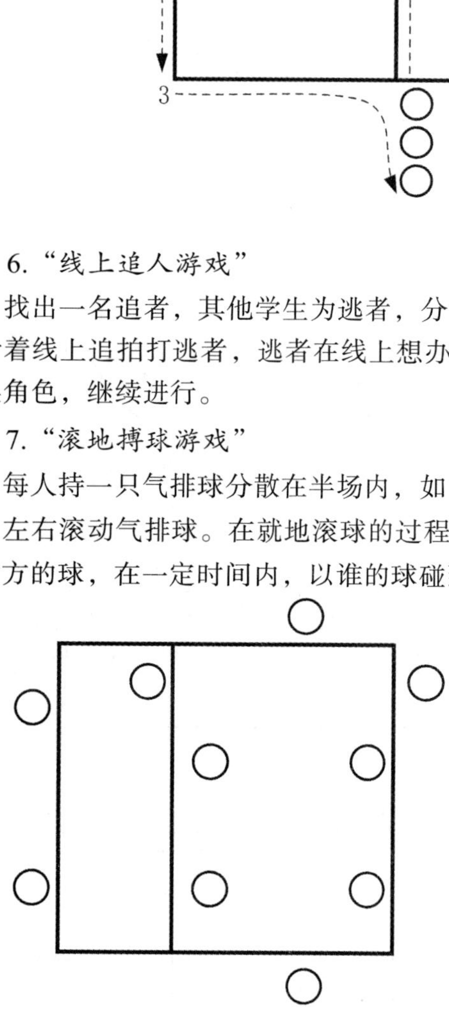

图 4-11

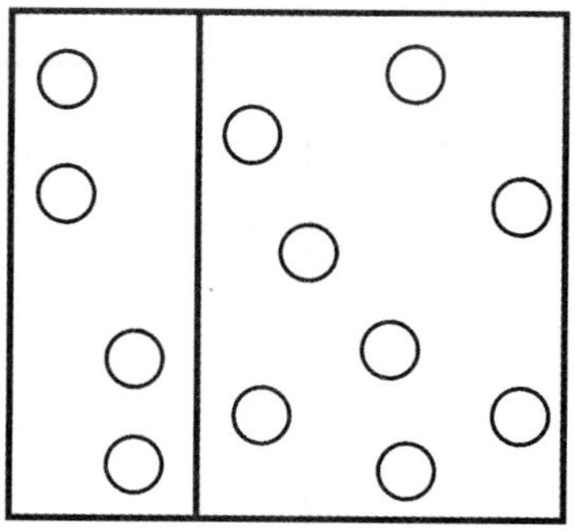

图 4-12

注：可以在气排球后场区和前场区内进行。

8.“地滚气排球比赛”

把全体学生分成相等的两个组（人数 5 ~ 6 人），气排球场两端各设 2 m 宽的球门。如足球规则，开始时，每人用单手滚球，不得用双手，也不能抛球离地，不准拉人，不设守门员，球滚进对方球门得一分，如图 4-13 所示。

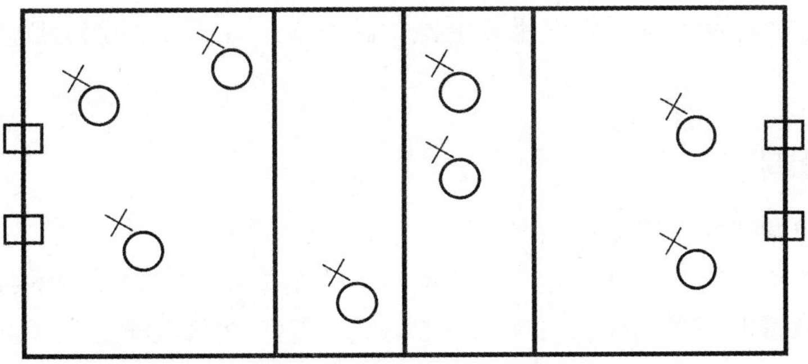

图 4-13

9.“反应移动追人游戏”

学生站成一大圆圈，做好半蹲准备姿势，如图 4-14 所示。开始时，教师站在中间突然用手指向某一学生，他便逆时针追右邻的第二个学生（隔一人），争取在一圈内被追的同学回到其原位之前追上并摸着他。教师可追完一次指一次。

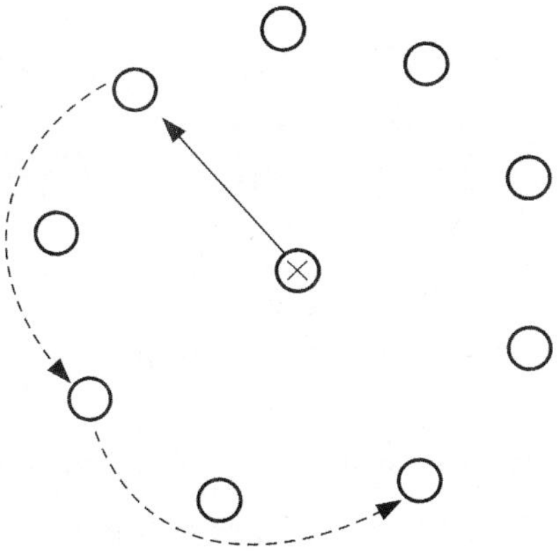

图 4-14

第二节　发球技术练习法

一、抓好抛球

抛球是掌握发球技术的关键，抛球的成功与否，直接影响发球质量，抛球练习通常采用以下几种方法：

1. 做好准备姿势，徒手做抛球练习

要求：左手持球于胸前，与地面平行（以右手击球为例），手心向上平稳向上抛送。

2. 结合球进行抛球练习

（1）手持气排球做抛球练习。

（2）规定固定目标的抛球，左手持球，人站在球网边，墙边或篮圈下，反复做抛球动作。

（3）做抛球与屈肘拉臂练习。

主要体会和掌握抛球位置、高度和抬臂的连贯动作。

总的要求是：抛球稳和准，将球垂直上抛，做到“三固定”，即用力固定、位置固定、高度固定。

二、抓好击球

（1）徒手模仿发球的挥臂动作练习。

主要通过这个练习方法，使学生体会完整动作，要求学生掌握正确的挥臂方向和速度，为了使学生尽快地掌握挥臂动作，在最初的学习阶段中，在每次学习发球之前进行一些徒手挥臂练习，也可以结合准备活动进行徒手挥臂练习。

（2）站成发球前的准备姿势，徒手做挥臂击球动作的练习。左手握拳前上举（置于队员自身右肩击球点的位置上），右手进行挥臂击球练习，右手击包住自己左手的拳头，直臂下收于自己左侧。主要体会击球手法和击球部位。

（3）学生用选择的击球手型去击墙上或木板上画的圆圈，体会到的手上的疼点即是击球的部位，此方法用于正面上手发飘球技术时是最为有效的。

（4）击固定球。

主要体会击球手法，击球点和击球部位。采用此练习方法时，应对准击球点．才能达到良好的效果。击球点过高或过低，都不利于发球技术的掌握。

（5）两人一组面对面站立，一人双手持气排球置于同伴右肩前上方（击球点位置），另一人做挥臂击球练习，但不要将球击出。

主要体会击球手法和击球部位，但应注意击球点应适当。

（6）双人徒手对击练习，两人面对面站立，左脚在前同时做击球动作，手掌相对击。要求：同是右手挥臂击球，相互之间错开。

主要体会击球突停动作和击球点，此练习方法学习发飘球时更为有效。

对击球总的要求是：在抛好球的基础上，要大胆果断地击球。在学生击球时做到“三固定”，即击球手法固定、击球点固定、击球部位固定。击球动作是掌握发球技术的关键，对初学者来说，在每次学习发球技术时，要抽出一定时间进行击球动作练习，在练习中要严格要求、严格训练，要从掌握正确动作的角度出发，可以利用中等力量进行击球练习，

三、抛球与击球动作结合进行

（1）做抛球和挥臂击球练习，但不要把球击出。

主要体会和掌握抛球的位置、高度、击球点和挥臂等连贯动作。

（2）利用垒球、硬排球等做发球的辅助练习，人距墙 4 ~ 5 m，在距地面高为 2.5 m 左右的墙上画一条横线（女生可以在 2.1 m 左右），手持垒球、硬排球等模仿发球动作，将球掷在横线上。

主要体会和掌握挥臂、转体、收腹等连贯协调动作，此练习方法运用于勾手大力发球或正面上手发球最为有效。

（3）人距墙或球网 5 ~ 6 m 练习发球。

主要体会抛球与击球时的手臂摆动配合以及击球手法，此练习方法在刚学习的阶段中可以多安排时间进行练习，这种练习方法密度大，有利于提高发球技术。

（4）两人一组相距 7 m 左右，面对面站立进行发球练习

要求：平稳抛准球，注意挥臂动作与手法。

（5）学生站在发球区，进行发球过网练习，如图 4-15 所示。

要求：同上。

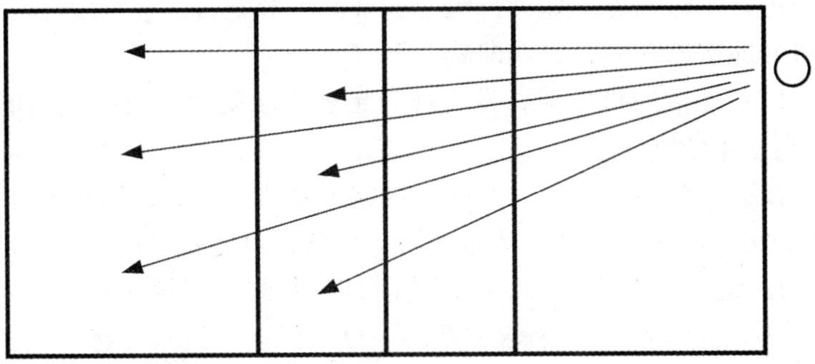

图 4-15

四、结合实战的发球练习

（1）一边发球，一边接发球，两边进行，垫球者与发球者交换，也可以规定垫几次好球后进行交换，如图 4-16 和图 4-17 所示。

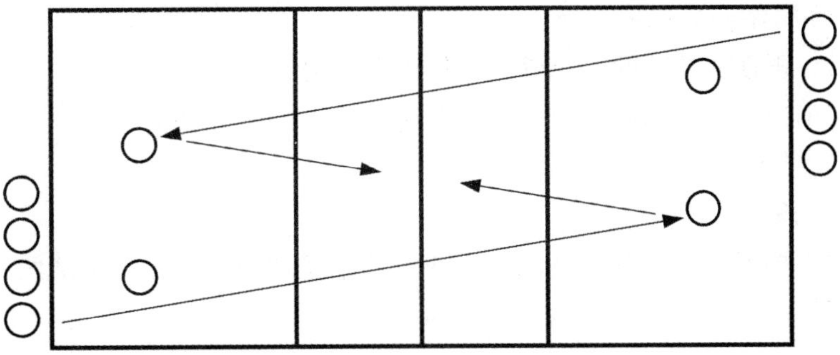

图 4-16

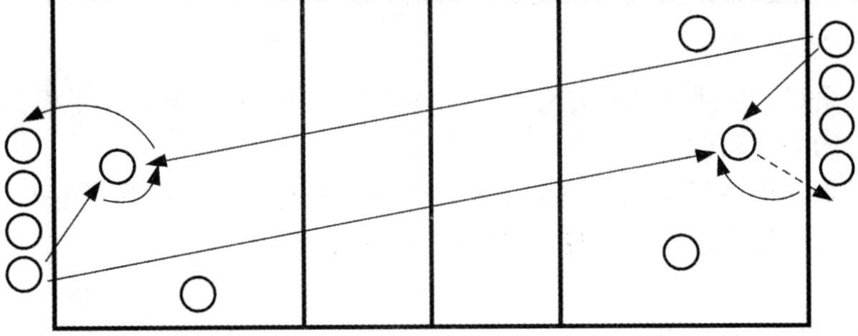

图 4-17

（2）一边发球，一边接发球，把球接到三号位，垫 5 ~ 10 次到位球后进行交换。

（3）在两边发球区内分别由 2 ~ 3 位学生轮流发球后组织进攻与反攻的练习攻。

（4）每个学生扣一次好球后，要求发一次具有攻击性的球（要成功），并立即进场接起教师的扣球。

（5）学生拦网一次，然后进行扣球一次，最后发一次具有攻击性的球。

（6）学生接教师从对面吊、轻打来的一次球后应立即进行一次具有攻击性的发球。

（7）结合比赛进行发球练习．如进行练习比赛时，规定每人连续发 5~10 次才轮转；也可规定如果发球得分即增加一分，失误即减一分等。

（8）拦、发、防：先拦网再发球，发完球后迅速进场防教练员扣或吊的球，可以根据专位需要防 1 号、5 号、4 号位。

（9）扣、发、扣：先在四号位扣一次球，再跑去发球，然后进场扣教练抛的后场球。

（10）发、防、发：先发球一次，迅速进场防吊球，再退到发球区跳发球。

（11）全队分为两组，分别站在场地的两边发球，每组分别轮流发球，要求每人都发好一个球（如 5 个人，则须连续发好 5 个球）算得一分，任何一组只要有一人发球失误，该组则从头算起，教练员可分别为两组计数、计分，最后评比。

第三节　垫球技术练习法

一、正面双手垫球

1. 垫球前的准备姿势练习

先学生试做，再根据教师的口令或手势集体做，边做边纠正动作。

要求：身体前倾，重心落在前脚上，眼睛向前看，两臂自然放在腰腹前，两脚要保持微动状态。

2. 徒手两臂插夹练习

主要体会和掌握通过正确的插夹动作形成正确的垫球手型。先学生试做，然后根据教师的手势或口令集体做。

要求：

（1）要在正确的准备姿势的基础上完成练习；

（2）边练习，边检查，发现错误应及时纠正。

3. 徒手模仿垫球动作

当对垫球的手型、垫球点及发力有了一定体会后，可采用完整的徒手模仿垫球动作练习，进一步体会垫球的完整动作。

先由学生试做，然后根据教师的手势或口令集体进行练习，此练习也可以采用两人一组面对面站立，一人做练习，另一人观察和纠正动作的形式。

要求：

（1）开始练习，节奏应慢些，使学生有理解与体会的过程，避免形成机械的口令式的快速练习。

（2）徒手练习中，要启发学生想象，想象自己是在有球的情况下进行练习的。

（3）灵活运用讲解、示范，出现错误要立即纠正。

二、结合气排球进行垫击固定球练习

1. 二人一组

一人双手持球于对方正确的垫球点，另一人用垫球动作击球（不要把球击出，体会插夹和提肩抬臂动作）；持球者将自上向前下运动．垫球者用正确的动作，在正确的垫球点击球后中下部；触球时，持球者可稍加压。

要求：

（1）练习节奏不宜过快；

（2）教师和持球者要不断检查垫球者的垫球点与垫击手型；动作是否准确。

（3）持球者在垫球者触球时，应给予一定的压力，但不宜过大。

垫击固定球，能使学生初步体会与掌握正确的垫球点、垫击部位、击球部位及发力顺序。

2. 自垫

自垫对提高学生的球感具有较好的效果。对提肩抬臂的击球发力动作也有较好的诱导作用。

首先采用原地垫低球（球约高 50 cm），熟练后，可逐渐增加自垫球的高度。随后可采用高球与低球结合的方式，在固定区域内自垫练习。

要求：垫击前要做好准备，切忌直腿站立。垫击球时，要靠身体协调用力，避免出现只抬臂用力，未加身体协调力量的情况。

3. 对墙垫球

近距离（距墙 80 ~ 100 cm）对墙垫球，主要体会与掌握垫击手型和垫球点，垫出的球一般不超过肩高。

中距离（距墙 1 ~ 1.5 m）对墙垫球，主要体会与改进垫击发力动作，垫出的球一般以保持在自己身高高度为宜。

远距离（距墙 1.5 ~ 2 m）对墙垫球，垫出球高度一般为 2 ~ 2.5 m。

4. 一抛一垫

两人一组，一人抛球，另一人垫球，距离由近到远（先可距 2 m 左右，然后过渡到 3 ~ 4 m）。

要求：

（1）要教会学生准确地抛球，抛出的球弧度要适当（不宜太高或太低），落点要准确。准确的抛球有利于正确掌握动作。

（2）发力要协调，对垫出的球，首先要能将球垫高，具有一定的弧度，然后要求将球垫准。

5. 两人对垫

两人相距 5 ~ 6 m 连续对垫，二人间距可从 3 m 逐渐过渡到 5 ~ 6 m。垫球弧度开始选择一般弧度（2 ~ 2.5 m）。随着学生技术水平的提高，练习中可穿插垫高弧度（3 m 左右）的球和低弧度（1.5 ~ 2 m）的球。也可一人垫高弧度球，一人垫低弧度的球，二人之间的距离和垫球的弧度，可根据课的任务和学生水平结合运用。

要求：

（1）练习关键在于严格要求，要启发学生自觉地严格按照规定的要求练习，教师对不能自觉按规定要求练习的学生，要给予提醒与批评。

（2）练习中，对二人之间的距离，起球的弧度、练习的次数，要有严格、明确的要求。

（3）每次练习应有一定数量、质量做保证。一般初学时，每次课至少应安排 200 ~ 300 次练习，采用分组练习法完成。

三、结合移动进行垫球练习

（1）单人连续自垫向前移动：单人自垫将球垫向前方（约 1 m），然后移动插入球下将球垫向前方，依次向前移动。

（2）单人对墙连续垫球、向左、向右移动垫球。

（3）单人对墙连续垫出不同弧度、速度的球，并做到完成一次垫球，调换一次脚步。

（4）两人一组，一人抛球，一人向前移动垫球

（5）两人一组，一人抛球，一人向左、右移动垫球。

（6）两人一组，连续左右垫球，如图 4-18 所示。

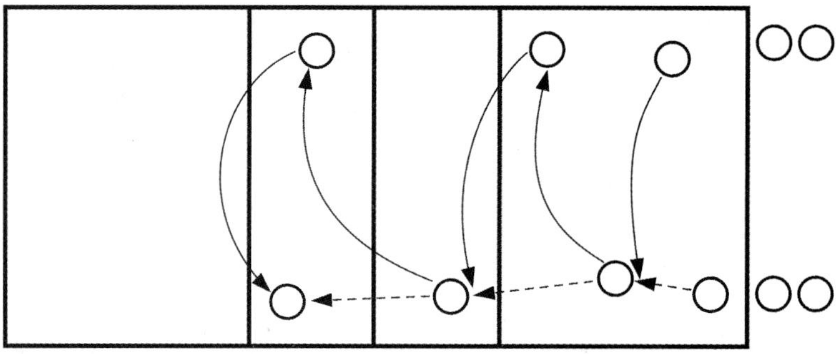

图 4-18

（7）两人一组，一人用吊球手法将球连续吊向另一人的左右前后方向，另一人移动后垫球。

（8）两人一组，二人相距 3 ~ 4 m，另一人左右移动，接抛来的球，如图 4-19 所示。

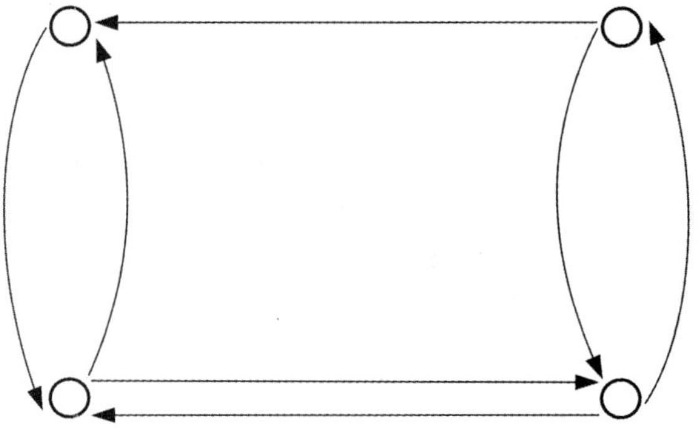

图 4-19

（9）三、四人一组，一人抛球，其他人左右移动垫球，如图 4-20 所示。

（10）三人一组，一人抛球，其他人向前移动垫球，如图 4-21 所示。

要求：

（1）垫球者应积极做好准备，在对方抛球后再移动，切忌盲目移动。一般要求判断准，先移动再垫球。

（2）移动后，应尽量做到正对垫球方向。

（3）教师的抛球，必须根据学生的实际水平，抛出不同难度的球。一般以学生经过努力

能完成的动作为宜。随着学生水平的提高，逐步提高抛球的难度。

（4）在移动垫球的练习过程中，应逐步教会学生抛球的技能，掌握抛球的要求与方法。

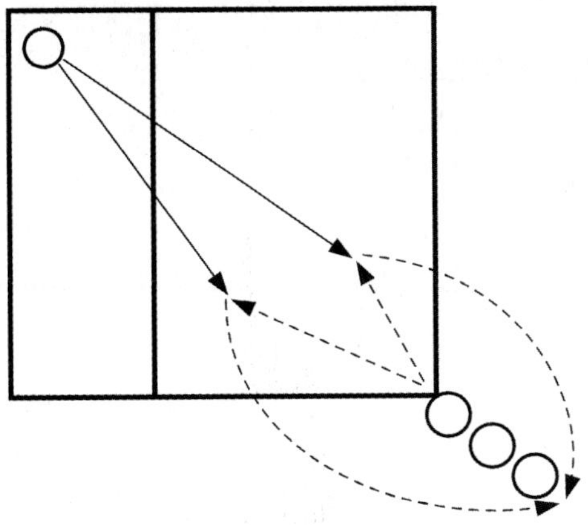

图 4-20

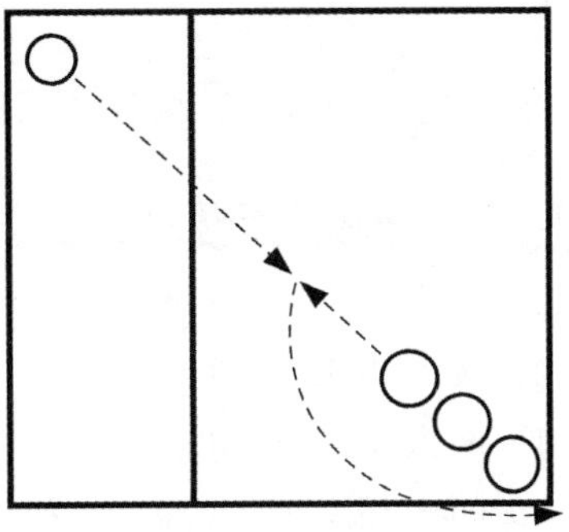

图 4-21

四、侧面垫球

（1）徒手试做侧面垫球的模仿动作。

（2）一抛一垫：两人相距 4 ~ 5 m，抛低弧度球，要求将球抛在垫球者腰部两侧。垫球时应做好跨步、扭腰动作，使垫球手型平面对准来球方向，保持好反弹角度，控制好手臂的用力，抛球的速度和力量可逐渐加大。

（3）变向垫球。

① 四人一组，二对二依次变向垫球，甲垫给乙，乙变向将球垫给丙，丙变向垫给丁，依次连续垫球，如图 4-22 所示。

② 三人一组，三角垫球，甲垫给乙，乙垫给丙，丙垫给甲，依次变向连续垫球，如图 4-23 所示。

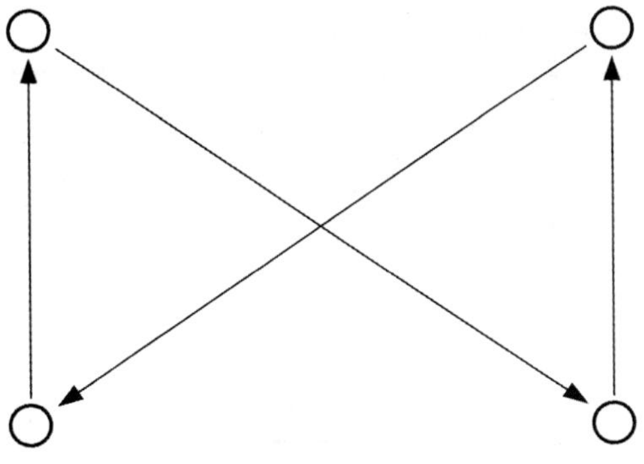

图 4-22

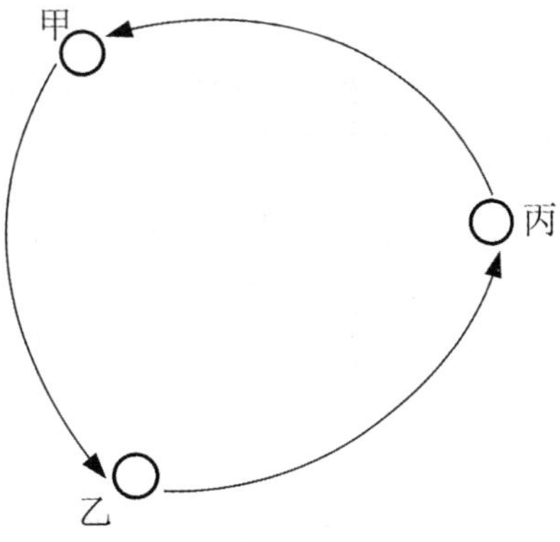

图 4-23

以上练习在初学时，由于学生垫球控球能力差，可采用一抛一垫、变向垫球。如三角垫球，甲抛球给乙，乙将球垫给丙，丙接球后再抛给甲，甲变向垫给乙，依次抛、垫。

要求：

（1）积极移动，力争正对目标垫球。

（2）当学生二人相距 4 ~ 5 m 能正确熟练地对垫 100 次，并能比较熟练地掌握移动垫球、侧面垫球及变向垫球的技术时，就可进行接发球垫球和接扣球垫球的教学。

五、结合场地设备进行接发球垫球练习

1. 在简单条件下练习

（1）两人相距 4 ~ 5 m，一人传平球，一人垫球。

（2）两人相距 7 ~ 8 m，一抛一垫。

（3）两人相距 7 ~ 8 m，一掷一垫。

（4）两人相距 7 ~ 8 m，一发一垫。

（5）三人一组，发、垫、调，如图 4-24 所示。

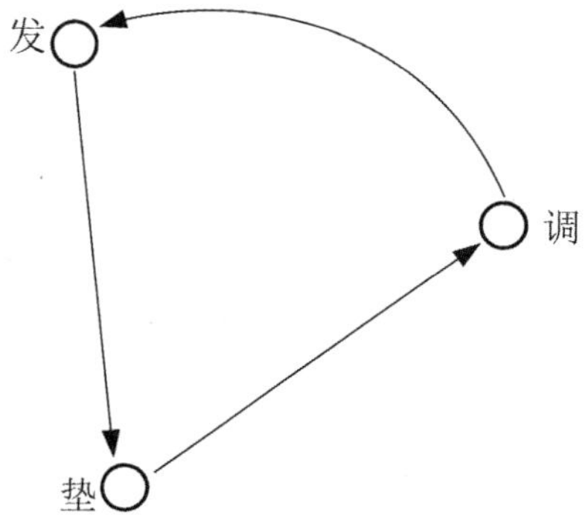

图 4-24

（6）三人一组，全场接发球练习。

（7）直线接发球垫球练习，如图 4-25 所示。

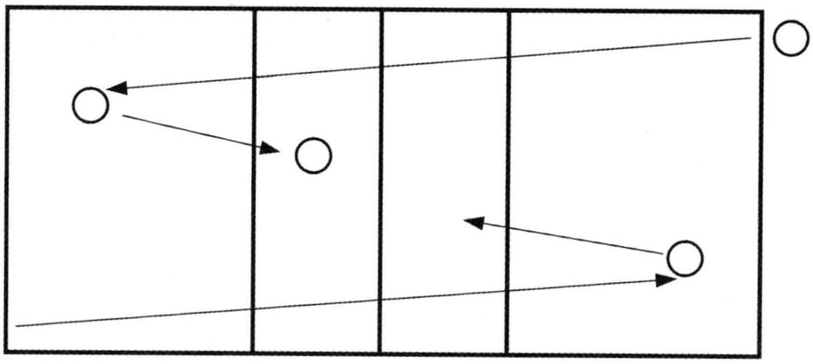

图 4-25

（8）变向接发球垫球练习，如图 4-26 所示。

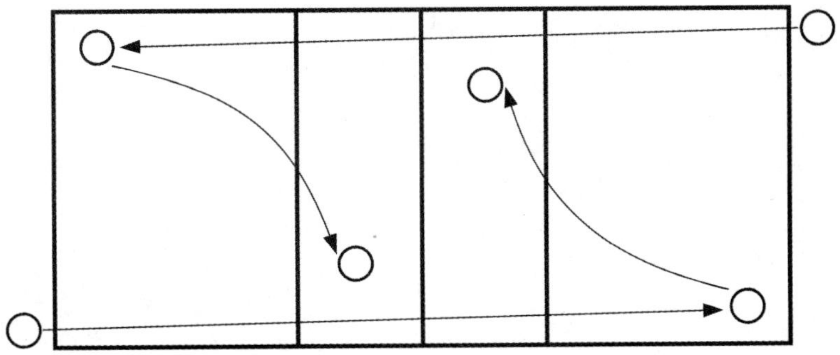

图 4-26

六、发球与接发球对抗练习

（1）二发二接或三发三接比赛。

两边同时发球，由教师记数，比哪边先接发球到位 10 ~ 15 个球，或每边发球 50 个，统计到位率和失误率。为了避免发球失误过多，也可规定发球失误者算对方一次到位球。

（2）一人发球，五人接，看发球者先得 3 ~ 5 分，还是接发球一方先到位 10 ~ 15 个球，对抗一次转一轮，练习中注意前后排各位置垫球的特点和各位置队员之间的分工与配合。

（3）结合各种进攻战术和教学比赛，提高接发球的实战运用能力。

结合“中、边一二”进攻战术形式的接发球。注意提高接发球的心理因素，树立“球必来我处，我必接好球”的心理状态。

七、接扣球垫球

1. 在简单条件下进行接扣球垫球练习

（1）两人相距 4 ~ 5 m 一掷一垫。

要求：

① 掷球者模仿扣球动作准确地掷至垫球者的垫球点部分。

② 垫球者应做好低重心的准备姿势，将球垫高。

（2）两人相距 4 ~ 5 m，不连续的一扣一垫。

两人相距 4 ~ 5 m，甲将球准确扣向乙的垫球点部位，乙将球垫起，甲将球接住后再扣球，扣 10 ~ 20 次后，扣、垫学生相互交换。

要求：

① 将球扣准。

② 垫球者在将球垫高的基础上，尽量将球垫到位。

（3）连续的一扣一垫。

扣球者连续不断地将同伴防起的球扣向垫球者。

要求：

① 垫球者要做到积极拼抢，每球必争，尽一切可能将球垫到位。

② 扣球者用中等力量将球扣准，随着技术水平的提高，扣球者可以加大扣球力量和难度。

（4）三人扣、防、调练习，如图 4-27 所示。

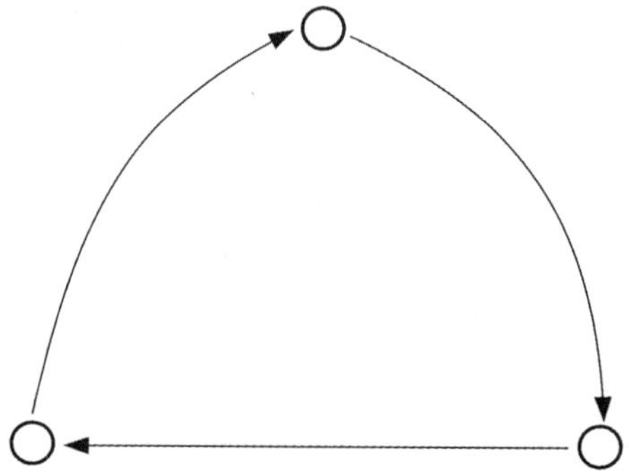

图 4-27

2. 在接近实战条件下的接扣球防守练习

（1）半场三人扣、防、调练习。

（2）在 5 号、1 号位接对方直线扣球或斜线扣球，如图 4-28 所示。

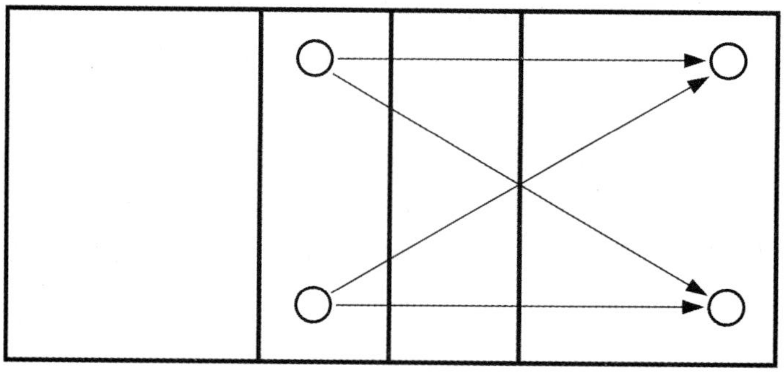

图 4-28

扣球者在二号位或四号位将球扣给 5 号或 1 号位队员防守。

要求：

① 防守者观察扣球动作后及早卡位。

② 防守者首先要做到将球垫高，随着技术水平的提高，要求尽量将球防起到二传接应区。

③ 积极拼抢，每球必争是关键。

④ 扣球的力量和难度应根据学生的水平灵活掌握，扣球者必须逐渐掌握让扣出的球使防守者经过努力才能防得起的能力。

（3）一号位接对方直线扣球或斜线扣球。方法与要求同上，示例图如图 4-29 所示。

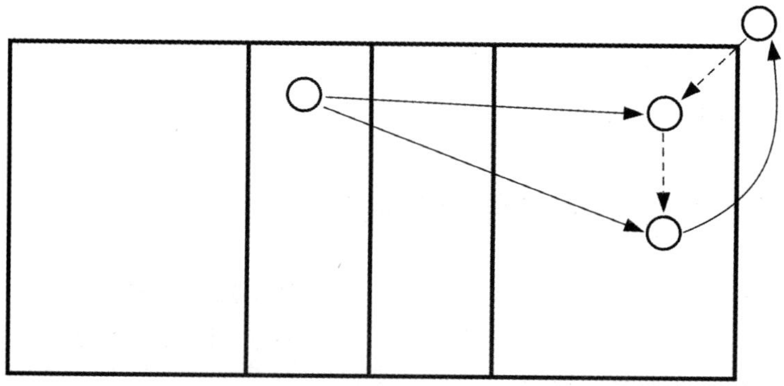

图 4-29

（4）在场地中间左右移动接对方扣球，如图 4-30 所示。

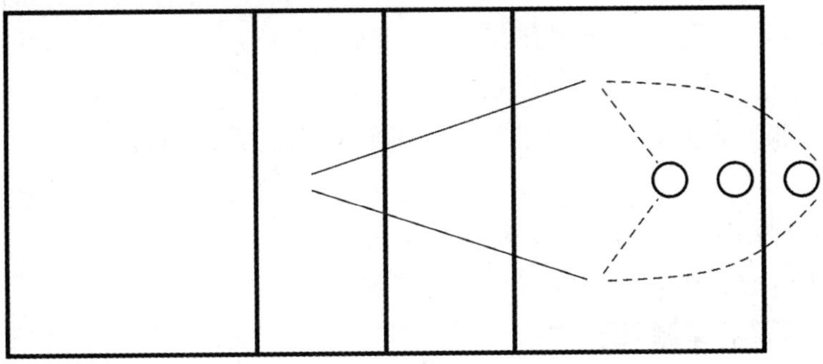

图 4-30

以上练习可结合单人练习进行，也可三人一组进行练习。

（5）两人扣，后场区三人防守练习，如图 4-31 所示。

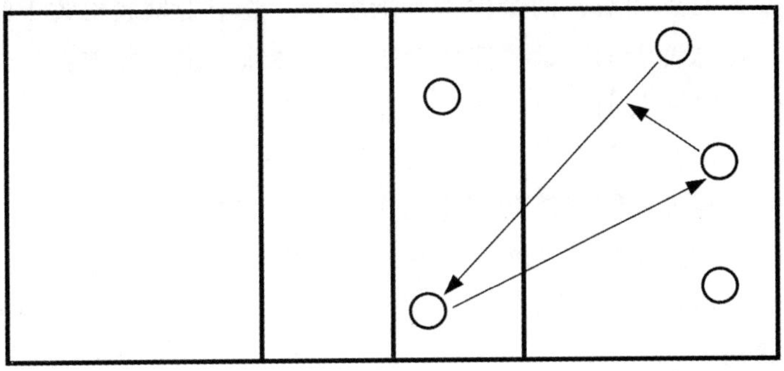

图 4-31

扣球者分别站在网前 2、4 号位，将球扣给后场区的 1、5、4 号位队员，队员起球后另 2 人根据情况将球调整后传给 2、4 号位扣球队员，扣球队员可将轻扣、吊球相结合。

（6）半场进行二对二、三对三攻防练习。

将球场分为两个半场，进行二对二，三对三攻防练习。练习可从双方发球开始，也可由教练在场外抛球或扣球。

要求：

① 用中等力量将球扣向队员。

② 队员进攻后立即退回后排进行防守。

③ 将球垫高，组织反攻。

（7）全场进行二对二、三对三攻防练习。

第四节　传球技术练习法

一、手型练习

手型是传球最主要的基本动作，只有熟练掌握正确手型，才能让变化着的各种来球进入手型，做到球与手指相吻合，便于控制球，达到传得稳，传得准，既省力，效果又好的目的。

掌握正确手型的练习方法很多，可采用下面几种方法进行手型练习：

1. 做好传球前准备姿势徒手模仿练习

要求：

（1）两手自然张开成半球形，置于额前，两眼正视前方，两脚左右开立与肩同宽，身体保持微动状态。

（2）先原地后移动，进而过渡两者相结合的变化练习。

（3）学生初学阶段，要安排一定时间进行练习。

2. 结合气排球进行手型练习

（1）每人一球，做好手型．双手抱起地上气排球做准备姿势后，让球落地。也可以两人一组，一人持球，另一人检查手型，相互纠正。

主要体会手型与球的正确关系，培养学生自我检查的能力。

要求：两手十指掌心近相对，两个拇指不准朝前，整个手型放松置于脸前。

（2）每人一球，持球置于额前，主要体会手型与触球部位和传球点。

（3）每人一球，自抛在头前上方，将球接住，检查手型和触球部位是否正确。

（4）每人一球，自抛在头前上方，将球接住后，做一个传球动作（球不传出），除了检查手型、触球部位和传球点外，同时体会传球动作。

（5）每人一球，持球置于额前，面对墙站立（距离 20 ~ 30 cm 为宜）做传球动作。在这个练习中，可随学生掌握程度逐步加大距离进行传球。除了检查手型、触球部位外，同时体会触球的手感和传球动作。

（6）做好准备姿势后，弯腰用双手拍地上反弹球。

二、传球点

传球点把握是合理运用传球技术的重要环节，它直接影响到队员传球技术的效果。采用下面几种方法进行练习。

（1）徒手做传球模仿练习。

要求：

① 脚蹬、臂伸，手型触球、手指手腕弹送动作三个环节协调用力，方向一致，手型不准外翻。

② 练习时，先原地而后原地交换步法（每完成一次练习调换一次步法）。随着教学进度的深入，可采用左右、前后移动，变方向，跑步急停后做传球模仿练习。

（2）每人一球，自持球置于额前，做传球动作练习（球不传出），体会传球伸臂和全身协调的用力动作。

（3）传固定吊球（固定传球点）：做好手型，对准球的后下部做传球练习；也可以两人一组，一人持球固定在某一点，另一人做传球练习。

主要体会手型，触球部位和正确传球点。

要求：伸臂手型触球和手指手腕侧前压送球后，手型不外翻变形。

（4）两人一组，一人按传球的手型持球于额前，另一人用手掌握压住球上端，持球者按传球的方法向上伸展，体会手型和身体的协调用力。

（5）同上。持球者按传球方法，连续做传球动作。当传球离手后，球正好停留在按球者手掌上，按球者始终把球握在手中。并按照传球者的传球动作节拍给球，体会传球点，手型和传球动作。

（6）每人一球，自抛于额前 1 m 高度，对墙传球练习。

主要体会掌握正确传球点。

要求：自抛一次，传球一次，务必找好正确传球点，否则就不传球，开始时不要连续传球。

（7）自抛自接下落球练习：双手抛球至头上 2 m 左右高度，做好手型对准下落球，主动伸臂接球。同上练习，加自传一次（但球不传出）。

进一步体会掌握手型、伸臂、手指手腕动作整体连带协调关系。

要求：主动伸臂迎球。

对传球点总的要求：

① 传球前两手置于脸前，上步对准来球，主动迎击，传球点保持在额前一球距离处。在传球过程中要做到伸臂适时，传球前后手型不要外翻变形。

② 传球能否保持在合理、准确的位置上，将直接影响传球的质量和效果。故对初学者，要严格把好技术规格关，多安排一些短距离传球和辅助性练习。

三、手型和传球点结合练习

（1）每人一球连续做低弧度（1 m 左右）向上传球（自传）练习。由教师统一掌握练习。一分钟完成 50 次传球，若球落地，即从头算起。

要求：传球时肩、肘关节放松。手型对正球，始终保持在额前一球距离传球。

（2）每人一球连续做高弧度（2 m 左右）向上自传球：

主要体会下肢蹬伸、手臂伸送和手指手腕弹送的协调用力。

（3）高、低弧度交替连续向上自传练习

要求：传高球时，要做到蹬、伸、弹送三个环节配合协调，用力方向一致。

传球时，主要以手指、手腕短促弹送和较小伸臂幅度、速度控制球。

（4）每人一球，高、平弧度交替对墙自传球练习。人与墙相距 2 m 左右，一次传平球，一次传高球，每传完一次球交换一次脚步（先前后进行再左右进行）。

（5）两人一组，按正确的传球点、手型、手指手腕弹送力配合，全身协调用力，自抛后把球传给对方。对方接住球后往回传球，如此反复。

（6）两人一组，一抛一传练习，主要体会传球点、手型、手指、手腕弹送和全身协调用力。

（7）两人一组，相对站立，相距 3 m 左右，每人第一次向上自传球，第二次向前准确高传球给对方，对方接球后先自传一次，然后往回传球，如此反复。

要求：

① 体会和掌握向上传球和向前传球的手型位置、传球点和触球部位的变化，以发力的不同来调整和保持人与球的正确关系。

② 自传时要高出身高 1.5 ~ 2 m 后，而且要使球准确地出现在自己头上。

③ 要在设想球目标、距离远近调节动作大小，发力轻重，进而控制球。

（8）二人一组，相距 3 m，做高弧度传球。

（9）二人一组，一人固定传低弧度球，另一人固定传一般高弧度球。

要求：传低平弧度球时，强调双脚轻蹬，上体发力为主体，手指手腕促送球。传高球时，则强调全身缓和地协调发力，动作稍大而伸展。

（10）二人一组，隔网对传。

四、结合移动进行传球练习

1. 单人移动传球练习

（1）每人一球，在移动中传一次高球，传一次低球。主要体会如何在移动中找球，控制传球动作，培养判断能力。

（2）在一定范围内做向前后、左右自传练习。

要求：同上。

（3）对墙连续自传练习。

要求：

① 移动中找球取好位置，面对来球。

② 每完成一次传球，务必交替一次步法，使身体始终处在动的状态中做动作，传球动作结束后，要还原下一次传球动作的准备姿势。

（4）对墙向左或向右移动进行传球练习。

要求：要根据传球目标，利用伸臂和手指手腕动作来调整传球的落点，控制好球。

2. 两人一组移动传球练习

（1）两人一组短距离移动传球，一人抛球（球速适中），另一人做短距离向前或左右两侧移动进行传球练习。

要求：

① 移动后身体正对来球，面向传球目标。

② 来球在身体右侧，移动取位时，右脚在前，面向传球目标，反之则左脚在前。

③ 如果队员已学过垫球，则要求队员根据来球弧度高、低采用高传低垫，尽快使两种技术分化使用，以强化使用某一技术的合理性。做到该垫则垫，该传则传。

（2）两人一组，一人固定，另一人做移动传球，连续传球（男生 30 次，女生 20 次）后交换练习。

（3）两人一组，一人固定，另一人做移动后先自传一次，然后再将球传给对方，以增强其接球能力。

（4）两人一组对传，一人固定在网前，另一人在进攻线后移动传。

要求：球弧度高于球网，离网 1 m 左右的上空位置，每人连续传球（男生 40 次，女生 30 次）后，交换练习。

（5）两人一组，对墙一前一后站立，一人正传，另一人背传。

要求：积极移动找球，并保持好传球点。

（6）两人相距 4 ~ 5 m，每人第一次自传在二人之间，迅速跟球向前移动，再把球准确传给对方，退回原地，相互交换后连续进行训练。

（7）两人一组，一人抛球．另一人做直角移动传球练习。主要掌握在传球前队员要有一个转身对准球的动作，即向右移动取位时，右脚在前，反之左脚在前。

要求：必须用正确手型传球，不准用其他技术代替，男生 30 次，女生 20 次。

（8）两人一组，一人抛球，另一人用手触摸固定目标（如墙壁）后，做向前或向左右两侧跑动传球的练习。

要求：

① 起动快，制动好，步法清楚。

② 可以因人而异，采用抛球、传球．掷球、扣吊结合及增大移动距离：

③ 男生 20 次，女生 15 次左右。

3．改变方向传球练习

（1）单人面向 4 号位和转身面向 2 号位做传球练习。

要求：

① 逐步熟悉在较复杂条件下判断、处理好球的能力。

② 强调在传球前，要有一个先对正来球，然后转身面向传球方向的动作。

③ 每传完一次球后，交换一次步法。

（2）三人一组，进行三角传球练习。

要求：取位及时，人钻到球下，面对出球方向，弧度适中，如图 4-32 所示。

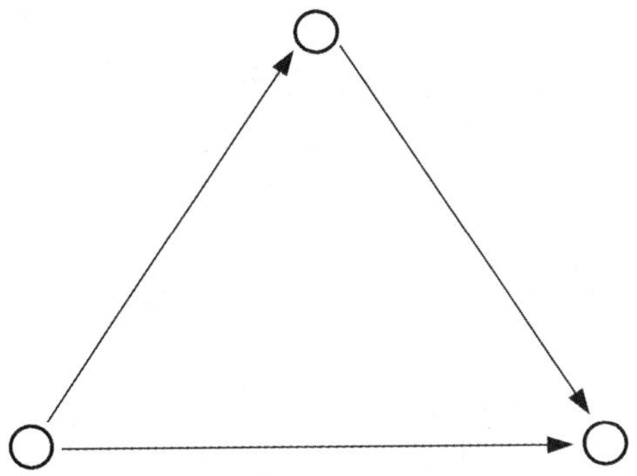

图 4-32

（3）三人一组，一人固定，另两人左右、前后移动传球，如图 4-33 所示。

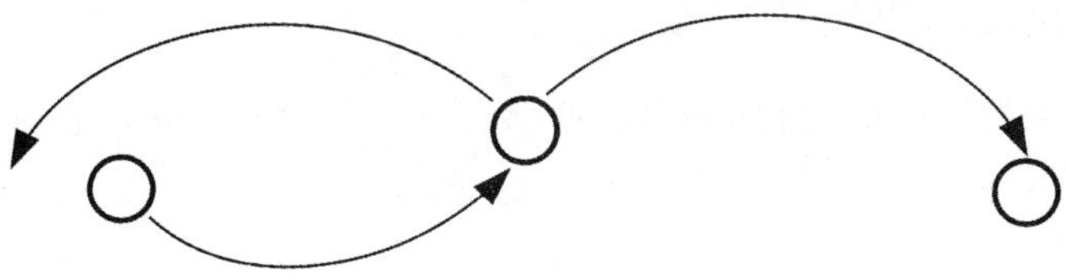

图 4-33

（4）三人一组，跑动中传球练习，如图 4-34 所示。

要求：在跑动的过程中，完成转体取位，对准出球方向，传球到位且弧度适宜。

（5）四人一组跑动后传球练习，如图 4-35 所示。

要求：同上。

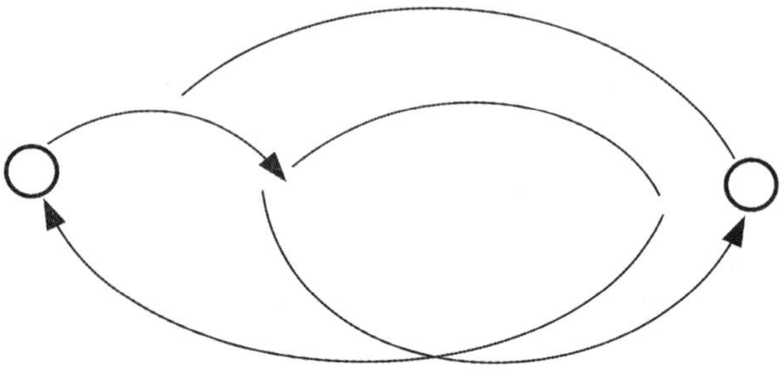

图 4-34

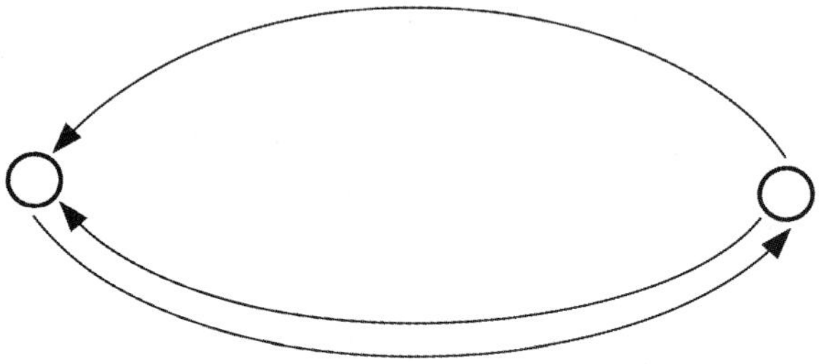

图 4-35

（6）四人三点跑动传球，球传到哪一点，就跑到哪一点上，要求移动后，面向传球方向，如图 4-36 所示。

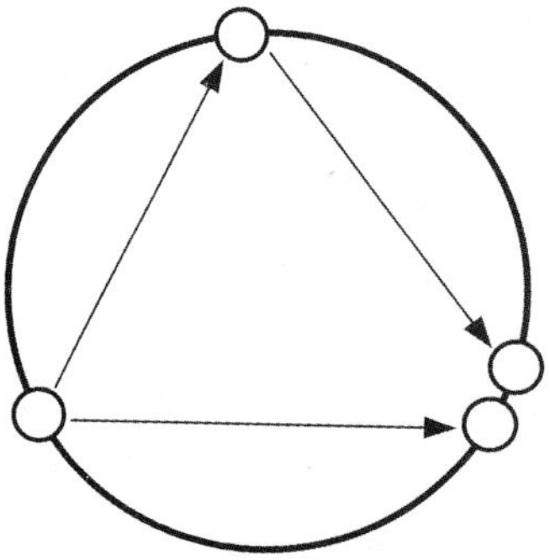

图 4-36

四、结合场地设备进行传球练习

（1）每人一球，自传一次，自垫一次，严格区别，掌握传—垫的正确触球部位。

（2）每人一球对墙传垫反弹球，传一次、垫一次。

要求：同上。

（3）二人一组，一传一垫练习。

（4）二人一组，传垫结合，规定球在腰部以上则用传球，腰部以下则用垫球或插托、捧球技术。

（5）二人一组，一人固定传球，另一人向左右移动后一次传球，一次垫球。

要求：移动到位，思想集中，传垫准确，速度稳定。

（6）二人一组，接抛或传来的球，做正面二传。

（7）接后排抛球或传球。在网前的二传队员移动后做二传，如图 4-37 所示。

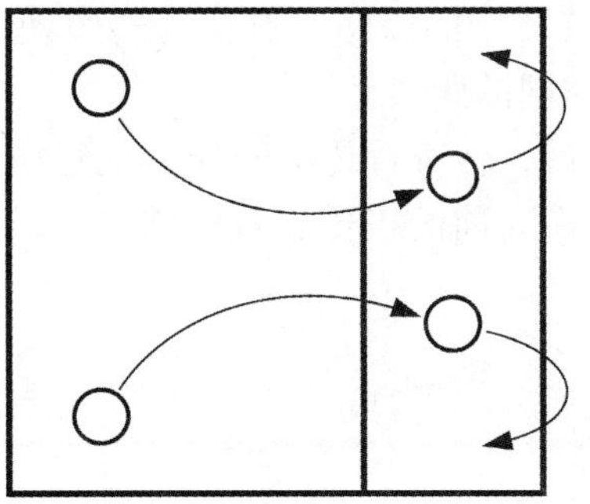

图 4-37

（8）靠网三角传球练习，如图 4-38 所示。

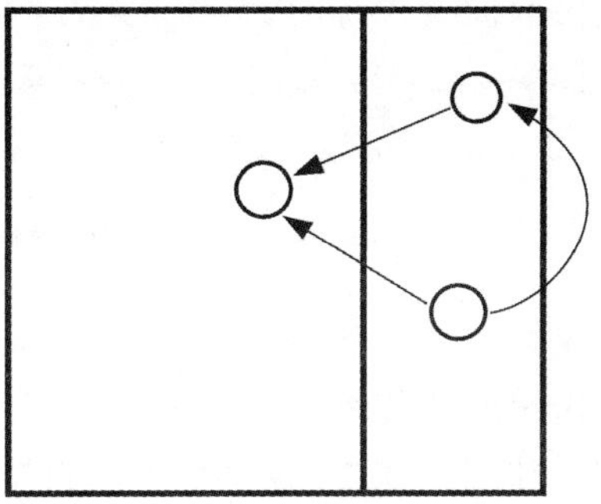

图 4-38

（9）队员分成两大组，在气排球场半场的 2 号位成横队站列，依次从 2 号位移动到 3 号位，依据来球面向 4 号位方向传球，教师站在四号位教练台上，将球抛给场地中间的队员，中间队员用传球、垫球、插托技术将球垫、传给网前的 3 号位队员，如图 4-39 所示。

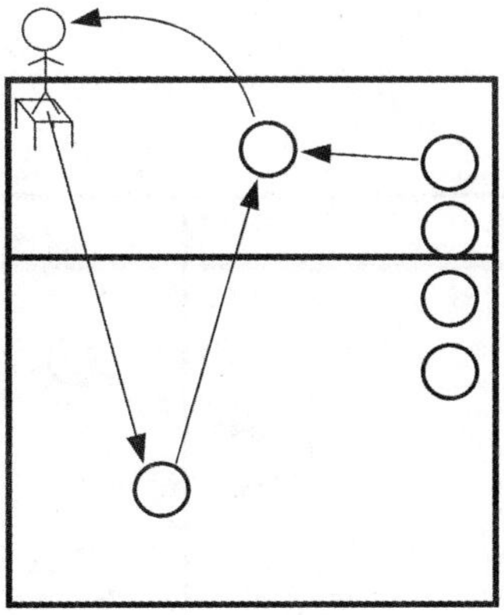

图 4-39

队员在网前接后场来球传球给 4 号位队员时，取位移动要及时，正确把握好人、球，网三者的位置关系；传球队员也可以反方向组织背传球或转身向 2 号位传球。

要求：队员在传球前，要观察来球落点，移动取位好，手型正对传球点，面向传球目标。

（10）每人一球，背对墙站立，自抛后，做背传练习。

要求：

手型、传球点正确，在伸臂传球的瞬间，有挺身转腹动作，做到右肩垂直球网，全身协调发力，便于控制传球高度和球网的距离。

（11）二人一组，自传一次后，转身背传给同伴，反复练习。要求同上。

（12）三人一组，中间一人做向前的正传和背传练习。

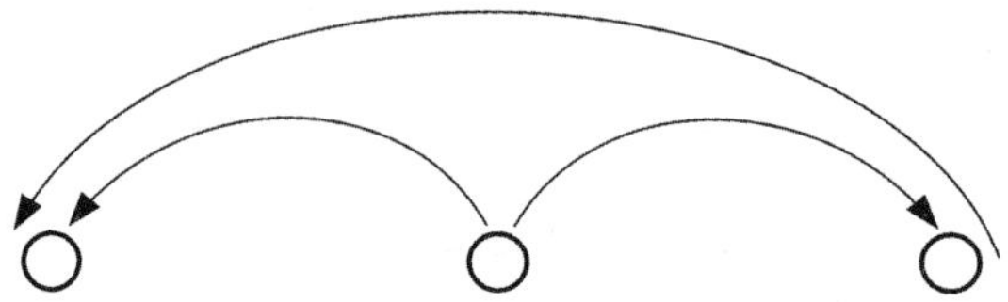

图 4-40

（13）三人一组，中间一人做双向背传练习。

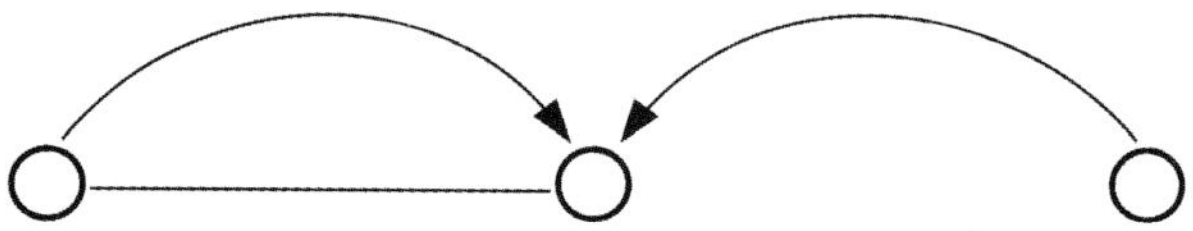

图 4-41

（14）四人一组，中间二人做单向背传练习。

（15）每人一球，在网前侧对球网站在 2、3 号位之间自抛后，背传给 2 号位队员。

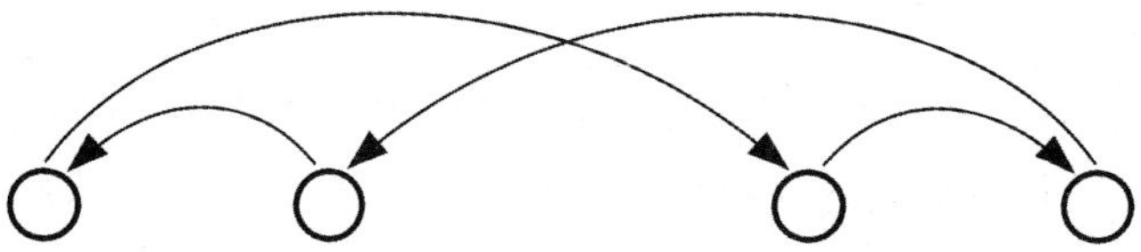

图 4-42

（16）三人一组，在前场区做三角形传球练习（其中 2 人正传，1 人背传或插托球练习），如图 4-43 所示。

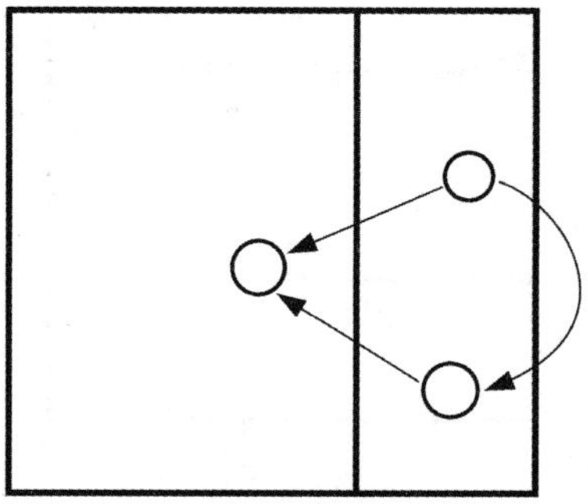

图 4-43

（17）调整二传练习。队员站在 1 号位或 5 号位，自抛后向 4 号位、2 号位调整二传。要求队员面向传球方向，利用蹬地伸臂的力量将球传到预定目标。

（18）接后场区的抛、传、垫球，做调整二传练习。

要求：队员准备充分，视野开阔，边判断边取位，把球传准。可结合基本战术顺网二传、调整二传练习。

（19）队员站在后场区，接对方抛、发来球后，传、垫给网前的二传队员，传球给 4 号位队员，依次循环，如图 4-44 所示。

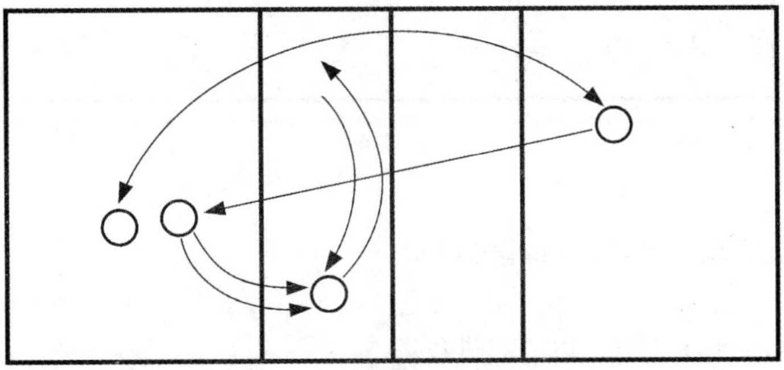

图 4-44

要求：队员垫击一传时，弧度适中到位，二传传球到位，便于攻手队员扣球。

（20）气排球前场区“边一二”进攻战术配合练习，如图 4-45 所示。

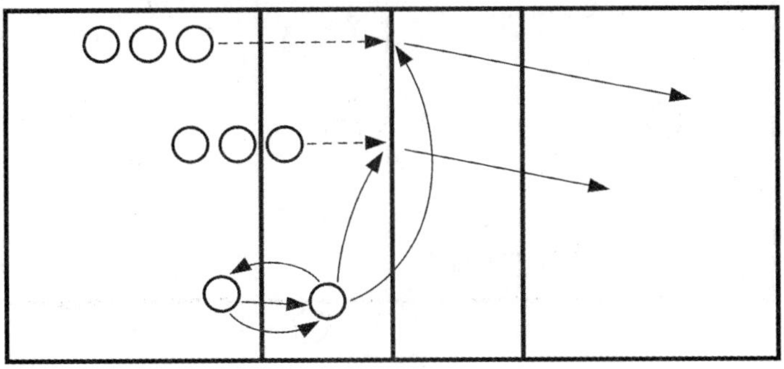

图 4-45

（21）四人接抛球或发球后，进行二传、调传练习，如图 4-46 所示。

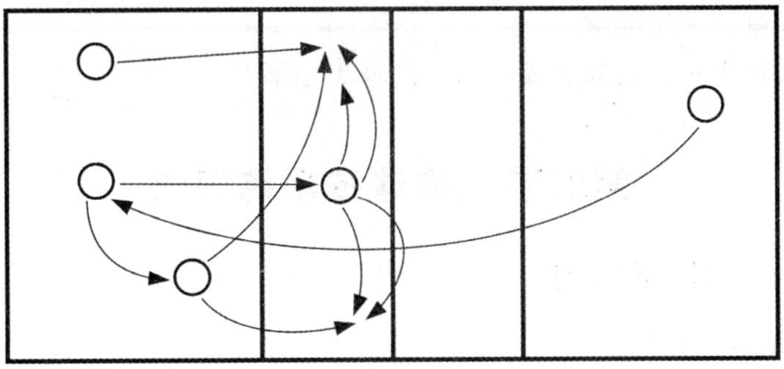

图 4-46

（22）三对三攻防转换开展二传、调整二传练习，如图 4-47 所示。

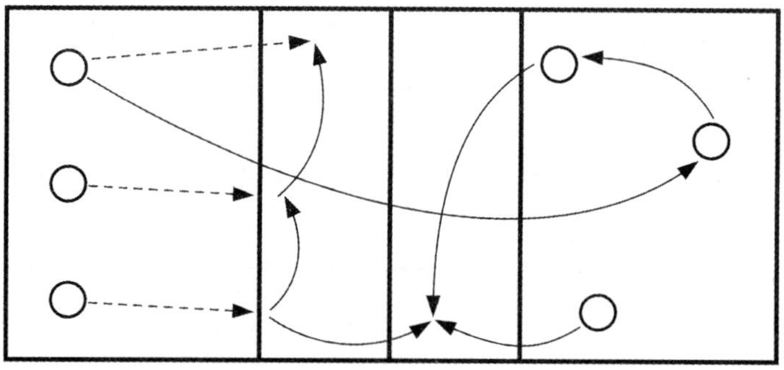

图 4-47

要求：同上。

（23）四对四攻防教学比赛，如 4-48 所示。

要求：

① 队员接好球后进行“中、边一二进攻”。

② 固定由前排的二传队员拦网，后排队员负责保护。

③ 由轮转到前排的 3 号位队员做二传。

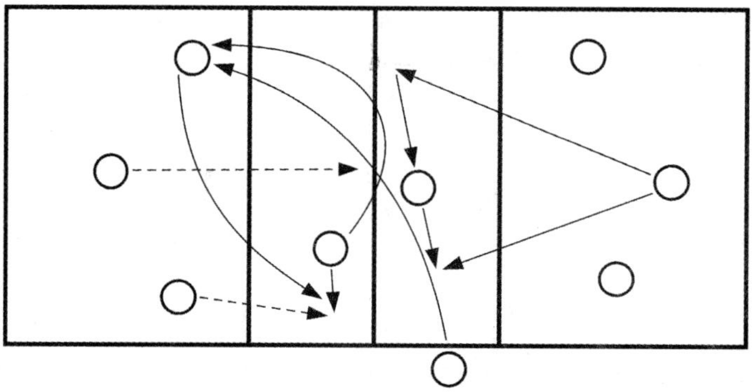

图 4-48

（24）5 对 5“中、边一二”接发球站位与组织战术进攻。

要求：

① 队员位置清晰，分工明确。

② 队员攻防转换迅速，进攻有效，二传传球思路清楚。

第五节　扣球技术练习法

一、在简单的条件下练习

1. 四号位助跑起跳练习

原地起跳：两脚平行与肩同宽，动作配合要协调、连贯。

一步助跑起跳：右脚跨上一大步，左脚迅速跟上起跳（应注意速度由慢到快，手脚配合协调，起跳时有爆发力）。

二步助跑起跳：左脚迈出第一步，右脚跨出，左脚再迅速跟上起跳，同时两臂配合协调。由 2 米线开始向网前练习一步、二步助跑起跳，如图 4-49 所示。

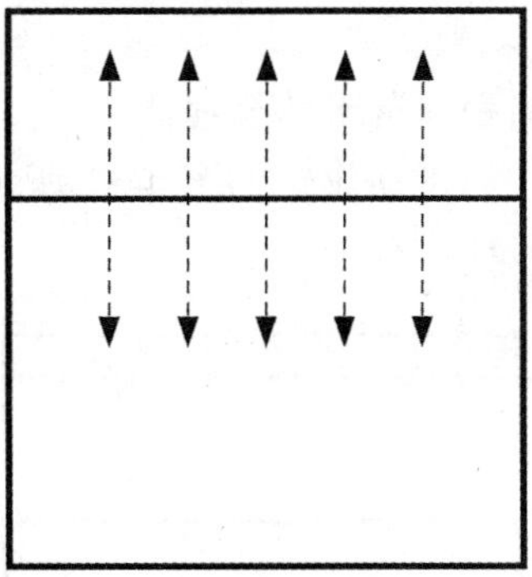

图 4-49

由四—三—二号位的顺序进行助跑起跳练习，如图 4-50 所示。

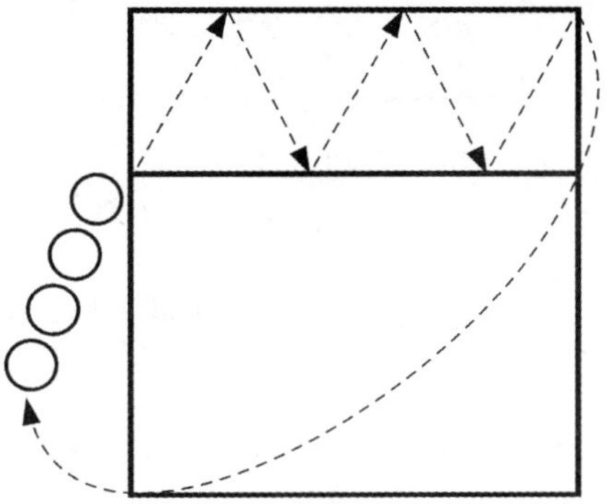

图 4-50

助跑起跳掷垒球或网球，如图 4-51 所示。

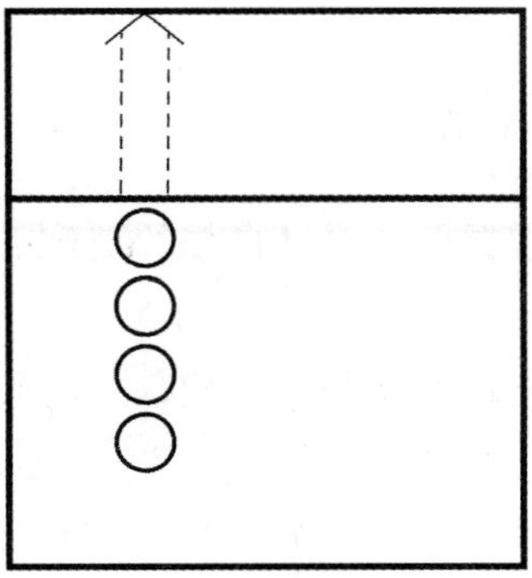

图 4-51

助跑起跳练习总体要求如下：

（1）助跑起跳的练习，即先学双脚原地起跳，再学一步、二步助跑起跳，使助跑和起跳动作能够协调地连贯起来。

（2）注意区分四、三、二号位助跑起跳的方向、路线。

（3）注意助跑起跳的特点和重视节奏的教学。

2. 徒手挥臂击球练习。

教学要求：

（1）学生听从教师的口令做徒手挥臂击球练习。

（2）学生两排相对站立观摩，纠正动作，如图 4-52 所示。

（3）肩、肘、腕要放松，挥臂动作舒展。

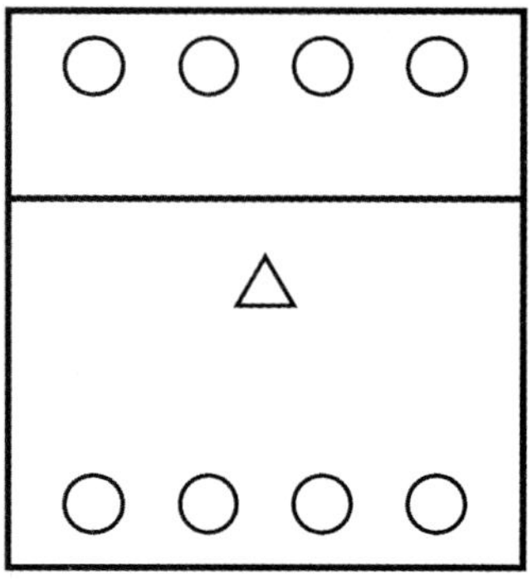

图 4-52

3. 扣固定球练习

二人一组，一人双手持球于头上，另一人进行挥臂击球练习。

教学要求：

（1）固定球的高度要以扣球者击球手臂伸直的最高点为准。

（2）挥臂击球的击球点必须保持在右肩的前上方。

（3）力量适宜，手包满球，甩腕动作要正确、放松。

4. 自抛自扣练习

练习方法：

（1）对墙 5 ~ 6 m 进行自抛自扣球练习。

（2）低网自抛自扣，网高可低些。

（3）连续对墙扣球（在初步掌握原地自抛自扣的基础上采用）。

教学要求：

（1）抛球要稳，抛球的高度在高出球点 1 m 左右。以双手抛球为好，使球垂直向上抛送，在右肩的前上方保持好正确的击球点。

（2）抛球与屈肘拉臂、挥臂击球的动作要放松、协调、连贯，击球力量不宜过大，注意击球动作手法。

（3）打出上旋球的性能，手腕包击推压动作，全手掌包满球。

5. 一抛一扣练习

（1）对墙一抛一扣练习。给扣球者抛出垂直高出击球点约 1.5 m 的球，开展对墙挥臂击球的练习。注意：不同的身体高度可以有不同的变化，如图 4-53 所示。

（2）低网扣球：距扣球者 4 m 左右抛球，以球高出球网 1.2 ~ 1.5 m 为宜，如图 4-54 所示。

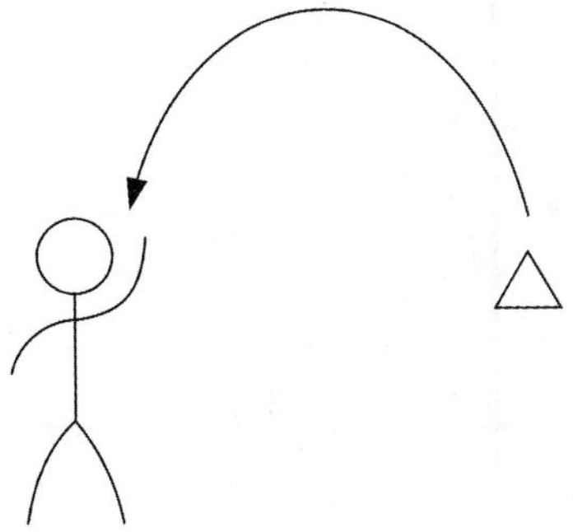

图 4-53

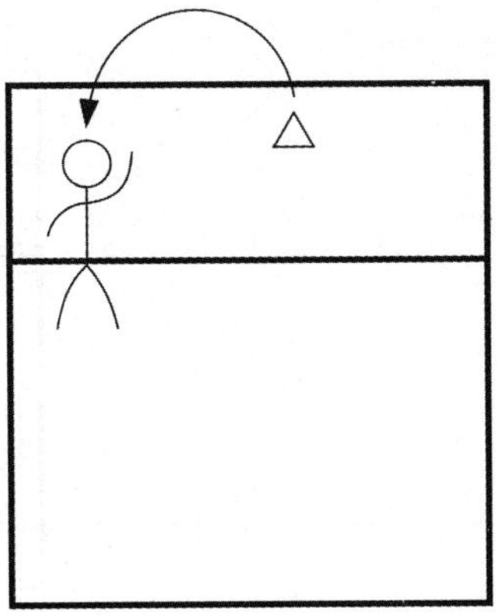

图 4-54

（3）低网扣传来的球（方法同上）。

教学要求：

① 抛球者的站立可以由近及远。

② 抛球的弧度由低到高。

③ 扣球者要注意判断，找准好球的落点。

④ 打出长线球，而且是上旋球。

6. 助跑起跳掷垒球

具体如图 4-55 所示。

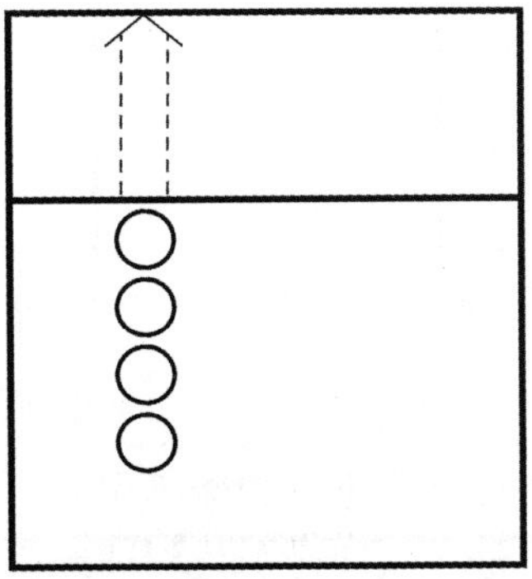

图 4-55

7. 扣教练员抛来的球

具体如图 4-56 所示。

8. 扣二传队员传来的球（上网扣球）

教法指示：

（1）上网扣球时，扣一般长线球，以中等力量进行扣球。

（2）二传的弧度不宜过高，以高出球网 1.5 m 为宜。

（3）落地要缓冲，防止碰网。

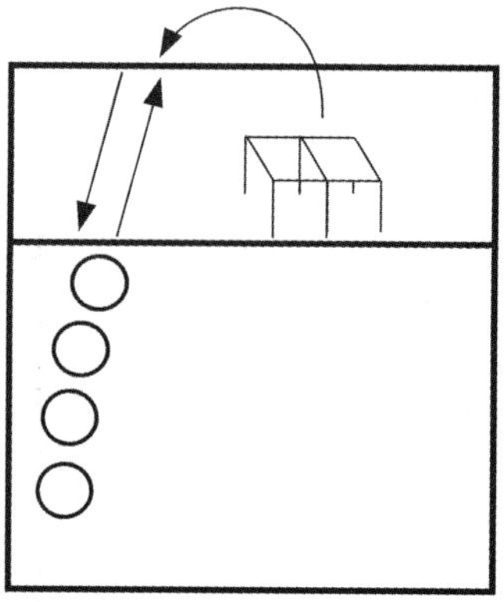

图 4-56

二、在复杂的条件下练习

（1）结合一传、二传进行四号位扣球，如图 4-57 所示。

（2）二号位、四号位结合练习扣球，如图 4-58 所示。

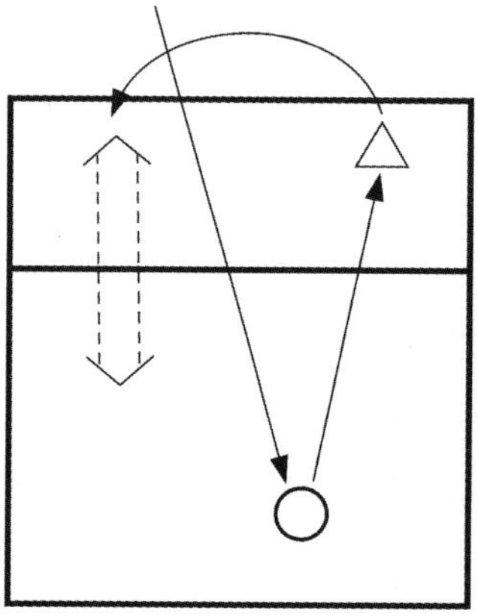

图 4-57

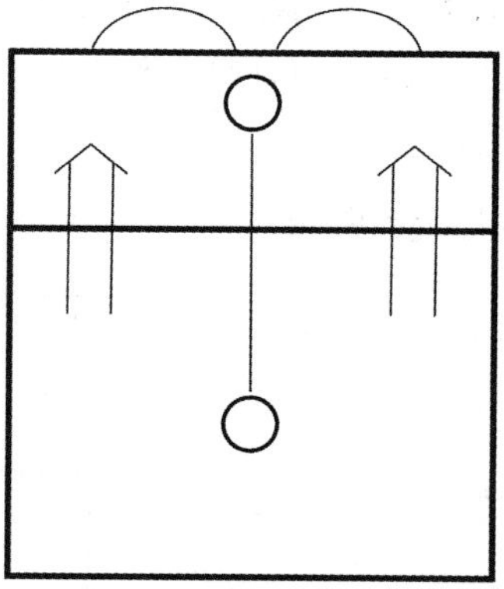

图 4-58

（3）在对方单人（或双人）拦网下，进行扣球练习。

（4）队员拦网后，后撤进行二号（或四号）位扣球练习。

教学要求：

① 注意队员攻手和二传之间的配合，防止出现上步过早的情况。

② 扣球力量由小到大。

③ 先掌握一般线的扣球，再扣斜线和直线球。

（5）扣半快球。

① 结合抛球进行扣半快球的练习。

② 结合接发球开展一传扣半快球练习。

③ 结合对方拦网练习扣半快球。

④ 结合队员拦网后撤练习扣半快球，如图 4-59 所示。

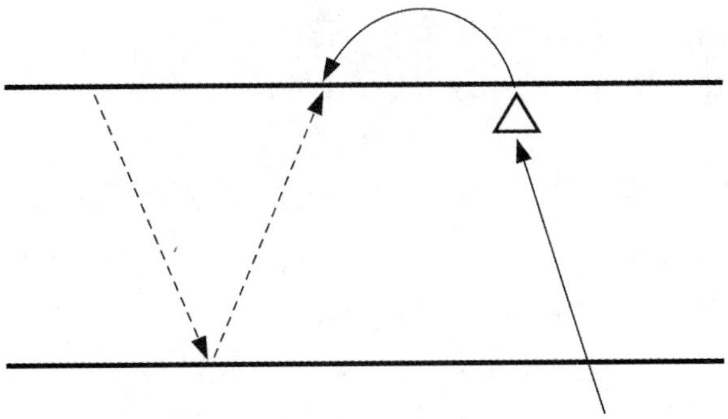

图 4-59

⑤ 结合集体战术练习扣半快球吗，如图 4-60 所示。

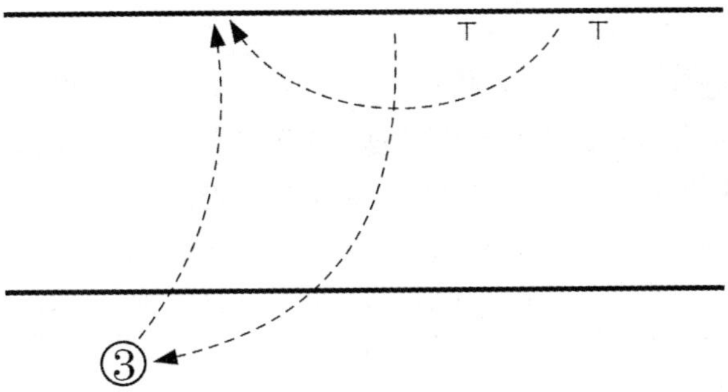

图 4-60

教学要求：

① 斜线助跑，二传出手后立即起跳。

② 队员后撤及时，不宜撤得太远。

（6）扣调整球

① 在对方拦网的情况下，练习调整扣球。

② 结合一传、防守，拦网后练习调整扣球。

③ 扣一个一般球后接着扣一个从后排传来的调整球，然后去做二传。

三、连续扣球训练

连续扣球可以提高扣球练习的密度、强度和难度，发展耐力，训练运动员灵活的步法、空中平衡及控制各种困难球的能力。

（1）二人在从 4 号位到 3 号位到 2 号位连续扣教师的抛球。根据学生的技能水平，教师向学生可分别提出力量、路线、落点的变化等不同的要求。

（2）学生在 4 号位（2 号位、3 号位）连续扣教师不到位的球。教师有意将球抛得高低、离球网远近不同，要求队员步法灵活，上步迅速，节奏感强，控制球的路线和力量，增强处理球的能力。

（3）与二传合作，20 个一组，一人连续扣直线、斜线球（扣完每个球后，学生可以附加拦网动作再后撤）。

（4）教师在网前连续抛球，要求学生 4 号位扣强攻、3 号位扣快球、2 号位扣半高球。

（5）教师从对方不同位置抛各种球给本方一传队员，通过二传连续传三个不同的战术球，由每个扣球者根据自己比赛中常用的扣球方法，连扣三个战术球。

四、扣“一次球”的训练

（1）对墙进行自抛自扣练习。

（2）二人一组，隔网进行一抛一扣练习。

（3）教师隔网或在立柱一侧抛教练球，2、3、4 号位队员进攻线后扣一次球练习。

五、扣“两次球及转移”的训练

（1）网前队员传球给 2 米线后的本方队员，队员原地起跳或助跑起跳扣两次球，若干次为一组，然后双方交换位置进行。

（2）教练员从对方抛球到前场，一队员移动后传给 4 号位（或 3 号位、2 号位）队员，如高度始终，队员直接扣两次球；如队员不好扣球，再跳传转移给同伴扣球，三人一组轮流进行。

（3）4 号位队员传球给 2 号位，2 号位队员扣二次球或在空中跳传转移给 4 号位队员扣球。要求 2 号位队员起跳、屈肘拉臂动作要逼真，吸引对方队员拦网。

（4）结合“中、边一二”进攻阵型开展二次球及转移练习。

六、轻扣、吊球训练

（1）结合双人拦网，轻扣或吊球练习。教师划定相关区域，要求学生轻扣、吊球进入该区域，比谁的好球多。

（2）指定区域扣球，把场地分为 A、B、C 三个区，将球轻扣或改扣为吊到指定的区域内。

（3）轻打底线球。要求学生将球扣到底线附近的区域内，加强学生对球的控制。

（4）两组同等人数，要求每人连续轻扣或近网吊一个好球算得一分。失误则从头算起，看哪组得分多。

第六节　拦网技术练习法

一、单人拦网

1. 面对球网，距离 30 ~ 40 cm，做好徒手拦网练习

要求：

（1）两脚平行站立，两眼正视球网，两膝微屈。两臂屈肘自然置于胸前，保持随时准备起跳和移动的状态。

（2）先原地，后移动，尽快过渡到两者结合。

2. 结合气排球进行手型练习

（1）徒手原地体会手型。

（2）一人持球，一人用正确的手型拦击球。

（3）两人一组，持球者主动将球向前移动，拦网者主动伸臂屈腕，拦击球。

（4）原地一掷一拦练习。

（5）原地一扣一拦练习。

（6）原地两人隔低网一扣一拦练习。

这个练习是初级阶段最重要的练习方法，对于提高学生对扣线路的判断取位、掌握正确的拦击手法来说，效果较好，也是结合实践进行拦网练习的必要的过渡形式。

要求：

（1）除按以上练习的要求外，特别注意提高学生伸手过网的拦击动作以及找准拦击时机的能力。

（2）先练拦固定路线的扣球，然后练拦不固定路线的扣球。

3. 拦网的移动与起跳

（1）网前原地起跳做拦网练习。

（2）网前左右移动一步后起跳拦网练习。

（3）网前向左右交叉法移动起跳拦网练习。

（4）网前跑动起跳拦网练习。

要求：

（1）移动与起跳动作要连贯，做好制动动作，起跳后身体保持稳定。

（2）跳起拦击时，应保持好手臂与网的关系，既要做好伸手过网的拦网动作，又不能触网犯规。

4. 一对一盯人移动拦网练习

两人隔网相对站立，一人主动移动后跳起拦网，另一人盯住对方，及时跟上在网上与对方同时双手击掌。

要求：

加强观察判断，移动及时，跟上对方队员的移动起跳节奏。

5. 结合扣球进行单人拦网练习

（1）跳起拦下对方固定路线的扣球。

① 在二号位拦对方四号位直线和斜线扣球。

② 在四号位拦对方二号位直线或斜线扣球。

要求：

① 先学习拦直线扣球，后学习拦斜线扣球，要讲清拦直线扣球与斜线扣球在拦击手法与取位上的不同。

② 练习开始后教师站在高台上扣球，然后过渡到二传手传球的扣球。

③ 随着技术水平的提高，可对二传弧度的高低与距离球网的远近加以变化，以提高拦网起跳的时机和扣球路线的判断。

（2）跳起拦下对方不固定路线的扣球

① 教师站在高台自抛自扣各种不同路线的球，拦网者起跳拦击。

要求：

练习开始时，教师扣出球的路线、角度力量变化不要过大；扣球节奏不要太快，让拦网者能观察、判断扣球路线和时机。

② 在二号位拦对方不固定路线的扣球。

③ 在四号位拦对方不同路线的扣球。

要求：

要不断提醒拦网者加强判断（根据二传弧度的高低、距离网的远近、扣球者助跑的方向）、选择正确的起跳位置与起跳时机；每次练习的次数不宜太少，也不宜过多。

（3）分组或单人对抗的拦网练习。

① 分组扣拦对抗练习，如图 4-61 所示。

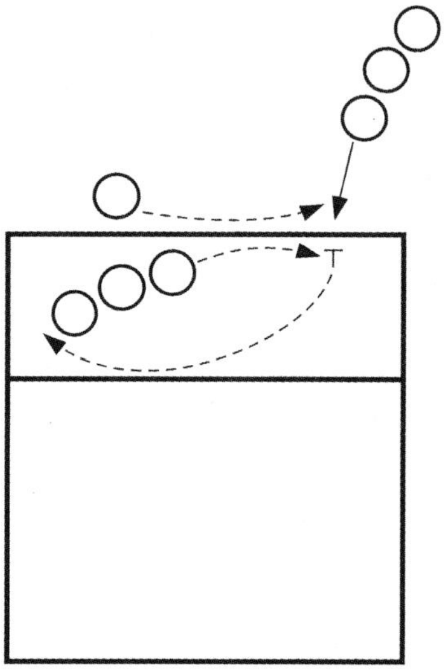

图 4-61

队员分为扣球组与拦网组，依次扣球、拦网对抗，可通过计算次数决胜。

② 单人扣拦对抗练习：两人一组，一扣一拦互相对抗。

③ 在对方组织“中一二”进攻战术条件下，组织二、四号位单人拦网。

二、集体拦网

（1）双人原地起跳配合拦网。

（2）二号位、四号位固定，三号位左右移功配合拦下固定球，如图 4-62 所示。

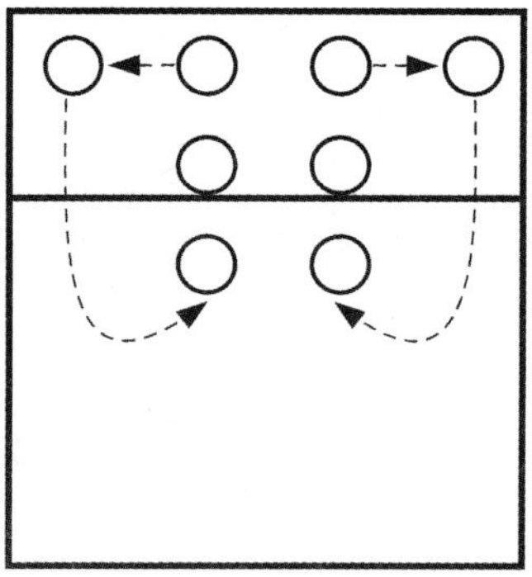

图 4-62

（3）三号位固定，二号位、四号位左右移动配合拦固定球，如图 4-63 和图 4-64 所示。

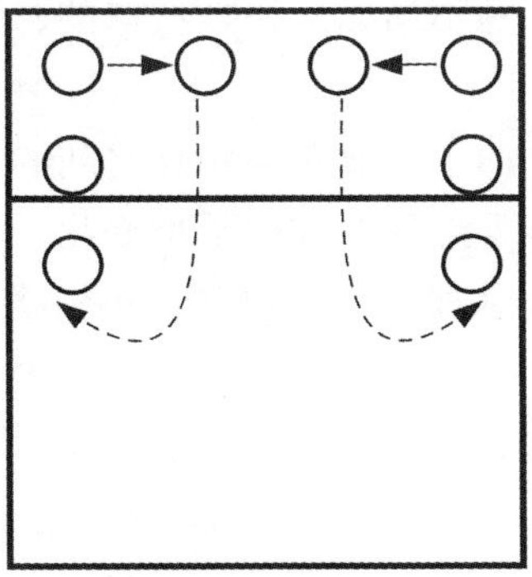

图 4-63

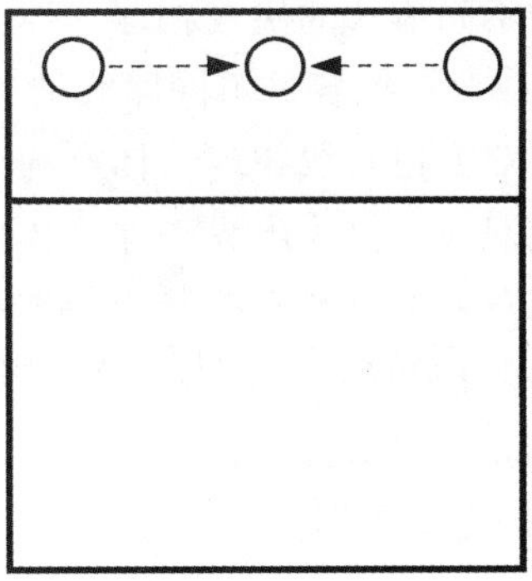

图 4-64

要求：

① 教师可用口令提示正确配合的起跳时间。

② 要求固定者为主拦队员。

③ 要正确选择好起跳位置。

④ 移动者为配合拦网队员，要主动与主拦队员配合好。

（4）两组隔网，同时左右移动配合拦网。

可采用两组同时移动，也可采用一组进行主动移动，另一组迅速跟上的方法进行练习。无论采用哪种方法，要求拦网队员不仅同组要配合好，和对方也要配合好，力争在网上队员双手压腕相碰。

（5）教师站在高台，自抛自扣出固定线路与不固定线路的球，一队员在原地用双手配合做拦网练习。

（6）教师站在高台，自抛自扣出固定与不固定路线的球。三号位左右移动配合二号位、四号位拦网练习。

（7）结合固定位置扣球，原地或移动的双人或三人拦网配合练习。

（8）组织“中、边一二”进攻战术条件下的双人或三人拦网配合练习。

要求：

① 先由教师站 4 号位高台上扣球，然后再过渡到 2 号位扣球。

② 先练习拦固定线路的扣球，然后再进行拦不固定线路的扣球。先原地拦，再移动拦。

③ 练习中，要不断增强学生配合的意识及效果；对配合密切、准确的结合要给予鼓励。对配合不密切的，要及时指出，并分析原因。

（9）左右移动拦高台扣球练习。拦网队员成二路纵队站在 3 号位做准备，教师或术科班长持球站在对方 2 号、4 号位的高台上，队员各向两边移动去拦教师或术科班长的扣球，要求学生在教师或术科班长自抛时才能开始移动，拦网之后跑到另一队的排尾，准备进行下一次的练习。

三、结合进攻战术进行个人和集体的拦网练习

（1）单人或双人拦各种不同形式变化的扣球。

① 单人或双人拦快球与一般高球的强攻，体会与掌握拦快球与高球强攻的起跳时机。

② 单人或双人拦近网强攻扣球、远网强攻扣球，体会与掌握拦近网球与远网球的起跳时机。

③ 拦各种不同形式的快攻扣球，体会与掌握拦各种不同形式快攻扣球的起跳时机。

（2）单人或双人拦各种不同路线的扣球。

① 单人或双人拦直线扣球，体会与掌握直线扣球的手型变化与相互之间的配合。

② 单人或双人拦打手出界扣球。体会与掌握拦打手出界扣球的手型变化。

③ 单人或双人拦一般斜线与小斜线扣球，体会与掌握拦一般斜线与小斜线扣球起跳点的选择，手型的变化及队员之间相互的配合。

要求：

拦网与扣球针锋相对，只有技术不断提高，才能有效地促进拦网技术的提高。

学生的战术意识的高低与学生掌握理论知识的多少有关。在练习中，老师要讲清楚对各种不同形式，不同路线扣球的判断，以及在正确判断基础上如何选择正确的起跳点与起跳时机。

对练习中出现的问题，要及时分析，特别要启发学生自主思维，找出各种成功与失误的原因。

（3）根据对方不同的进攻战术配合，练习单人拦网与集体拦网的战术意识与配合，单人拦网，如图 4-65 所示，集体拦网，如图 4-66 所示。

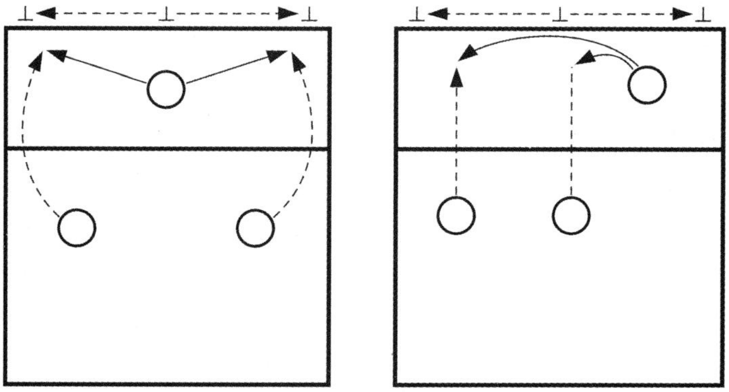

图 4-65

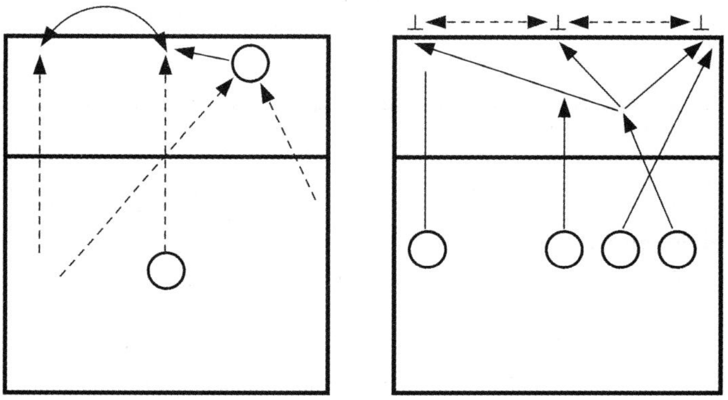

图 4-66

要求：

① 在理论上要明确各种战术的基本打法及各种变化形式，明确各人的职责与配合；

② 先练习固定的战术配合，再练习各种变化的战术配合。

③ 可采用分解与完整相结合的方法。

④ 练习中要做到分工不分家，具有尽一切可能组成集体拦网的责任感。

第七节　集体战术练习法

一、三号位二传的专门练习

（1）三号位向四号位传一般球练习，如图 4-67 所示。

（2）三号位向二号位传一般球练习，如图 4-68 所示。

（3）三号位向四号位传拉开球练习，如图 4-69 所示。

（4）三号位向二号位背传半快球练习，如图 4-70 所示。

（5）三号位背传二号位一般球练习，如图 4-71 所示。

要求：三号位二传手应移动后身体背对传出方向，传球时要注意蹬腿展腹，抬臂、伸肘，通过手指手腕的弹力把球向 2 号位传出。

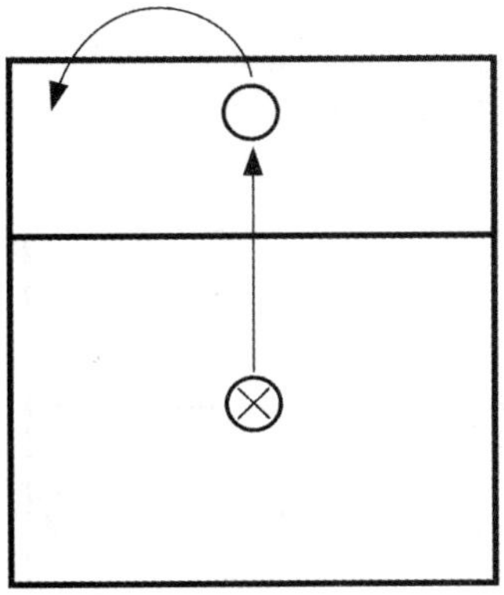

图 4-67

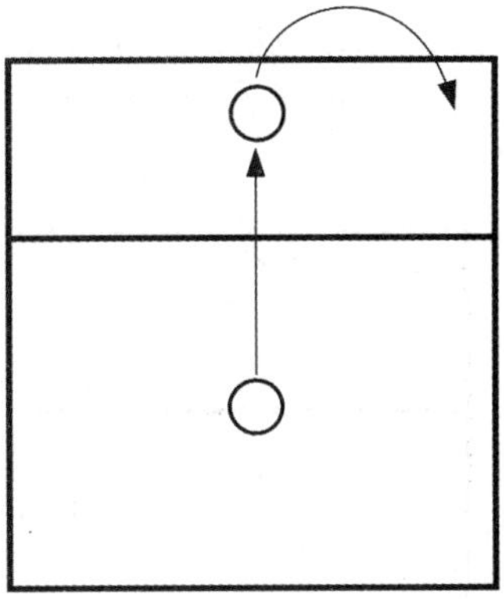

图 4-68

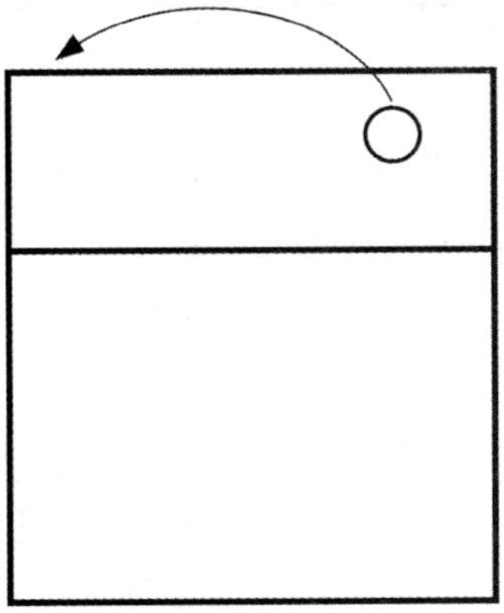

图 4-69

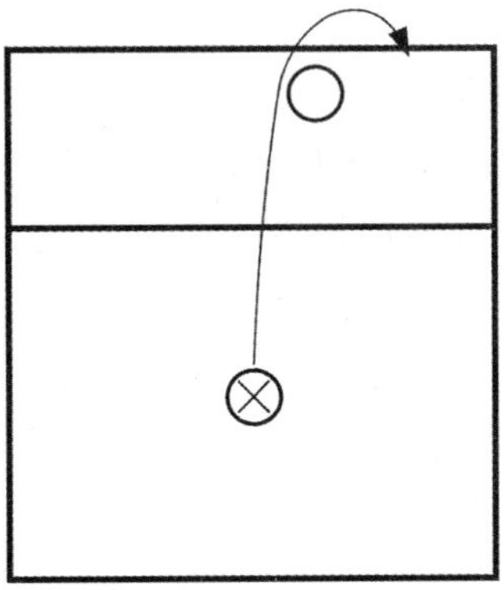

图 4-70

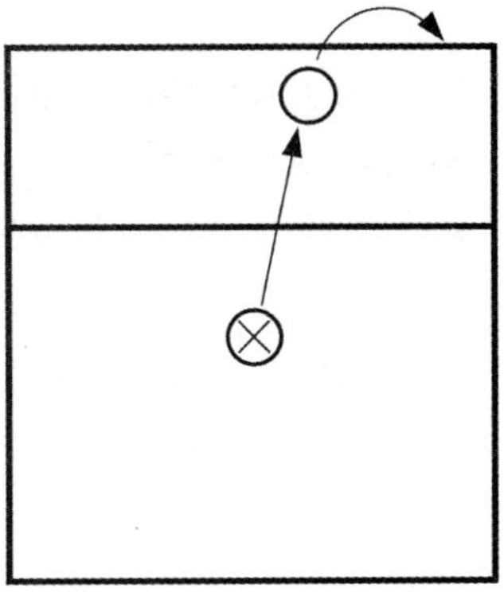

图 4-71

二、进攻战术练习法

1. 二号位或四号位扣球的专门练习

（1）四号位扣一般球练习，如图 4-72 所示。

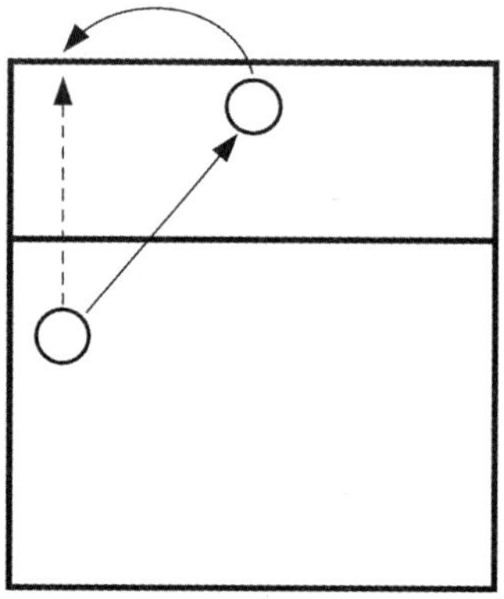

图 4-72

要求：注意助跑起跳动作的连贯和节奏，保持好击球点，并快速挥臂击球。

（2）二号位扣一般球练习，如图 4-73 所示。

（3）四号位扣拉开球或背传二号位扣球练习，如图 4-74 所示。

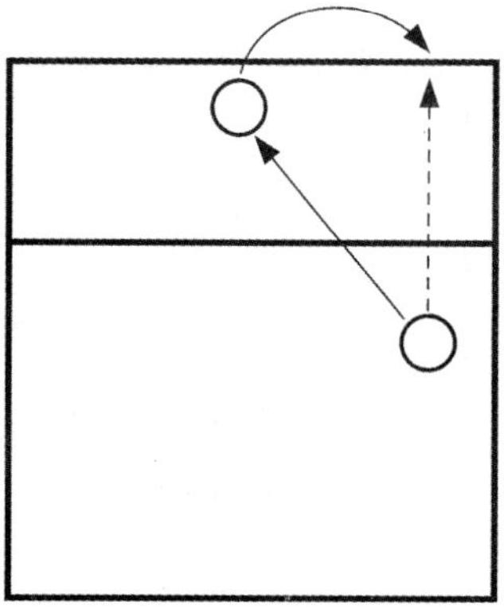

图 4-73

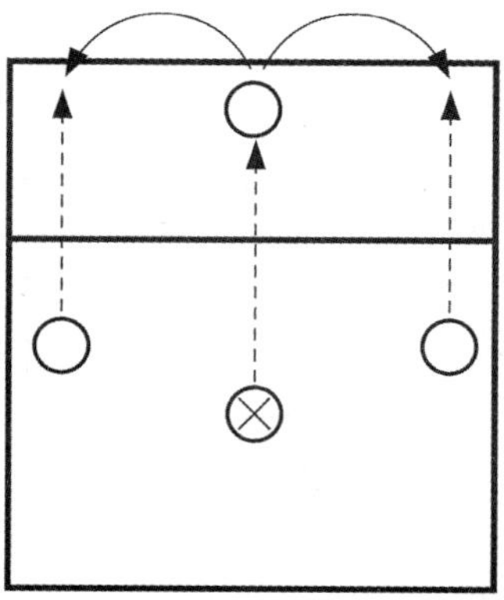

图 4-74

（4）扣 3 号位快球或半高球练习。

要求：注意助跑起跳的上步时机和快速挥臂击球动作连贯性。

（5）二传队员在 2 号位传球，3 号位扣快球或半高球，4 号位强攻练习。

（6）二传队员在 4 号位传球，3 号位扣快球或半高球，2 号位强攻练习。

（7）二传队员在 3 号位传球，1 或 5 号位队员扣快球，5 或 1 在其身后梯次进攻。

（8）二传队员在 3 号位传球，4 号位队员扣快球，1 或 5 号位队员与其交叉，实施前交叉进攻。

（9）二传队员在 3 号位传球，2 号位队员扣快球，5 或 1 号位队员与其交叉，实施后交叉进攻。

2. 一次球练习

（1）扣球队员面向墙壁相距 5 ~ 6 m，另一队员从侧面抛球给扣球队员扣球。

（2）两人一组隔网相对一抛一扣。抛球队员把球抛掷进攻线附近，另一队员上步扣一次球。

3. 两次球及转移练习

（1）教师在网前抛球给进攻方的二传队员，二传队员传球或插托球给 2、3、4 号位队员直接跳起扣球。

（2）4 号位队员传、垫、插托球给 2 号位队员，如高度适中，2 号位队员直接击打两次球。如高度、弧度欠缺，2 号位队员原地或在空中把球传给 4 号位或场地中间（1 或 5 号位队员）扣球。

（3）2 号位队员传、垫、插托球给 4 号位队员，如高度适中，4 号位队员直接击打两次球。如高度、弧度欠缺，4 号位队员原地或在空中把球传给 2 号位或场地中间（1 或 5 号位队员）扣球。

（4）5 号位队员传、垫、插托球给 2 号位队员，如高度适中，2 号位队员直接击打两次球。如高度、弧度欠缺，2 号位队员原地或在空中把球传给 4 号位或场地中间（1 或 5 号位队员）扣球。

（5）1 号位队员传、垫、插托球给 4 号位队员，如高度适中，4 号位队员直接击打两次球。如高度、弧度欠缺，4 号位队员原地或在空中把球传给 2 号位或场地中间（1 或 5 号位队员）扣球。

（6）场地中间 1 或 5 号位队员垫、传、插托球给 2 号位队员，如高度适中，2 号位队员直接击打两次球。如高度、弧度欠缺，2 号位队员原地或在空中把球传给 4 号位或场地中间（1 或 5 号位队员）扣球。

（7）场地中间 1 或 5 号位队员垫、传、插托球给 4 号位队员，如高度适中，4 号位队员直接击打两次球。如高度、弧度欠缺，4 号位队员原地或在空中把球传给 2 号位或场地中间（1 或 5 号位队员）扣球。

三、防守战术练习法

（1）一发三垫球练习，如图 4-75 所示。

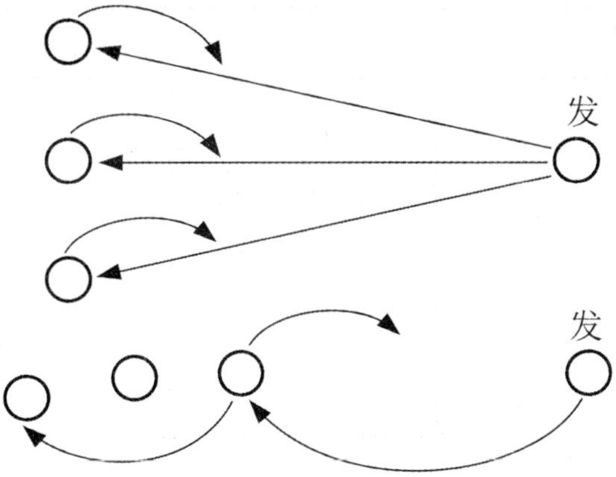

图 4-75

要求：发球者可根据垫球者掌握技术情况，逐步增加发球力量和降低出球的弧度；垫球者应做好垫球前的准备姿势，加强判断，积极移动，把球垫起、垫准。

（2）一发、一垫、一传练习，如图 4-76 所示。

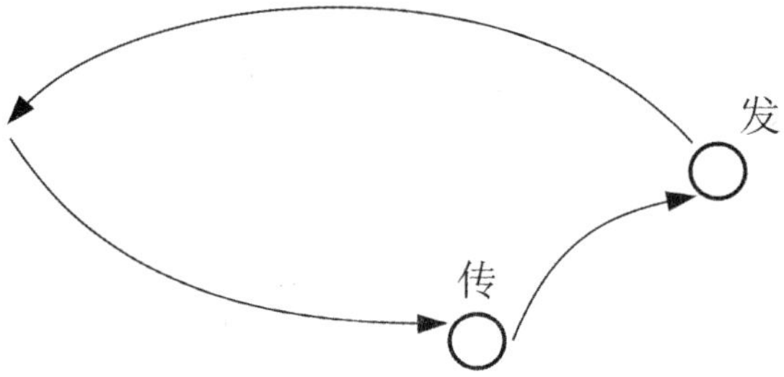

图 4-76

要求：发球者可以根据垫球者掌握的技术情况，逐渐加大发球的难度，垫球者应做好准备姿势，加强判断、快速移动把球垫给传球者，传球者应及时移动，身体对准发球者，把球准确地传给发球者。

（3）五号位队员接对方近距离抛来的球，如图 4-77 所示。

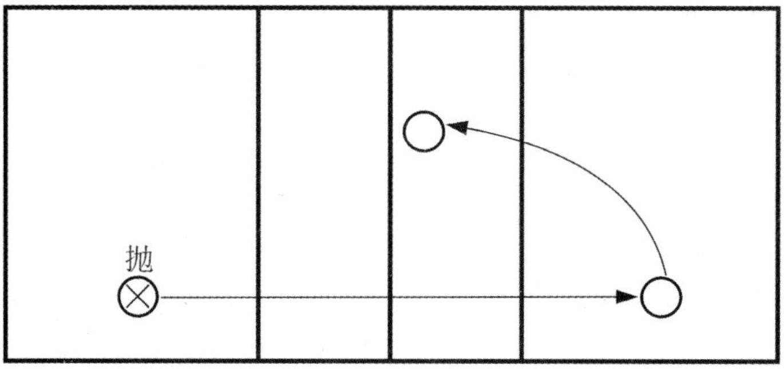

图 4-77

要求：教师抛球可以根据五号位队员掌握技术情况逐渐加大难度；五号位队员应做好准备接球的姿势，加强判断，快速移动，把球准确地垫到三号位。

（4）四号位、五号位、2 号位队员接对方近距离发来的球，如图 4-78 所示。

要求：同上。

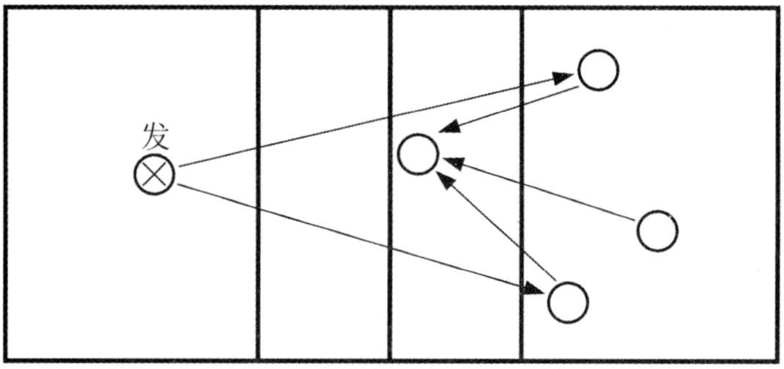

图 4-78

（5）2 号位、4 号位队员接站在对方发球区发过来的球，如图 4-79 所示。

要求：同上。

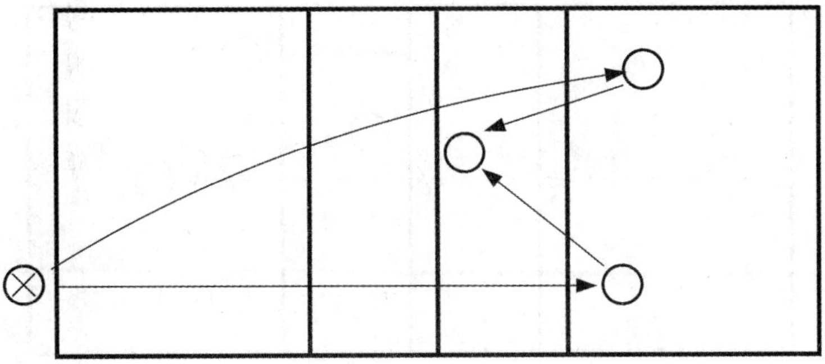

图 4-79

（6）一号位、五号位、二号位或四号位队员接站在对方发球区发过来的球，如图 4-80 所示。

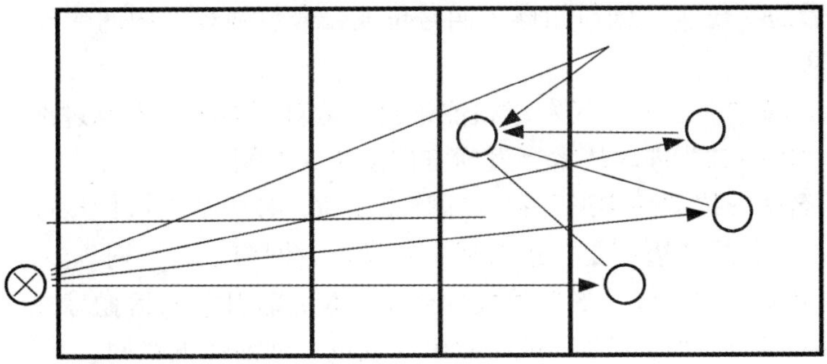

图 4-80

要求：同上。

（7）进行接对方站在对方发球区发过来一传、二传与扣球（一般高球）的配合练习，如图 4-81 所示。

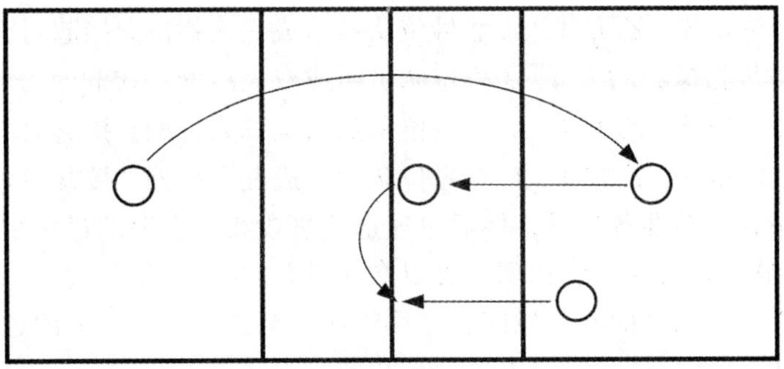

图 4-81

要求：场地中间队员做接球前准备，加强判断，积极移动把球准确地垫给三号位队员；三号位队员移动后身体对准传出方向，把球传到四号位；四号位在扣球时应注意助跑起跳的动作和时间，保证正确的击球点。

（8）接近距离发球后的一传、二传与扣球（四号位拉开或二号位强攻）的配合练习。发球方网前 3 人拦网，如图 4-82 所示。

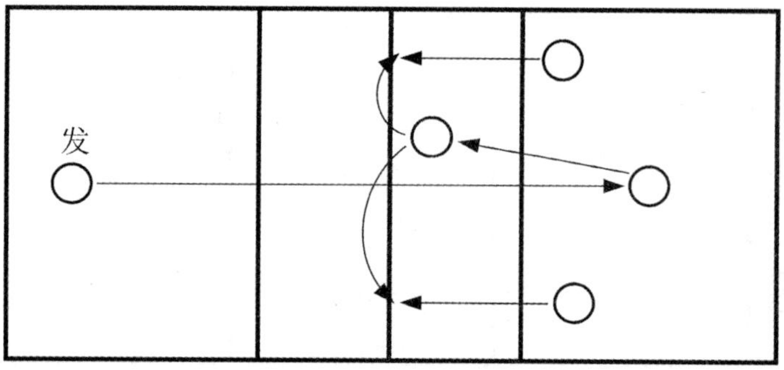

图 4-82

要求：三号位队员根据一传的传球情况，把球准确地正传给四号位或背传二号位队员扣球；二号位扣球时应注意助跑起跳的动作和时间，保持好击球点。

（9）接发球后的一传、二传与扣球（四号位或二号位强攻、中间快球）的配合练习。发球方网前 3 人拦网。

（10）5 名队员按“一三一”接发球站位，教师从对区抛球或发球过网，队员接发球后采用“中一二”或“边一二”进攻战术。发球方网前 3 人拦网。

（11）后排 4 名队员按“一字形”接发球阵型站位，教师从对区抛球或发球过网，队员接发球后组成“中一二”或“边一二”进攻战术。发球方网前 3 人拦网。

（12）后排 4 名队员按“浅盆形”接发球阵型站位，教师从对区抛球或发球过网，队员接发球后组成“中一二”或“边一二”进攻战术。发球方网前 3 人拦网。

（13）5 名队员按“深盆形”接发球阵型站位，教师从对区抛球或发球过网，队员接发球后组成“插上”进攻战术。发球方网前 3 人拦网。

要求：队员之间应加强配合，在进攻时，后排队员立即跟进保护，提高保护意识，立即进入接拦回球进攻练习。连续进攻，成功若干次后再轮转。

（14）甲方 4 号位扣球，乙方 3、2 号位队员组成双人拦网，接起对方扣球后组织防反。

（15）甲方 4 号位扣球，乙方 4、3、2 号位队员组成三人拦网，接起对方扣球后组织防反。

（16）甲方 2 号位扣球，乙方 4、3 号位队员组成双人拦网，接起对方扣球后组织防反。

（17）甲方 2 号位扣球，乙方 4、3、2 号位队员组成三人拦网，接起对方扣球后组织防反。

（18）甲方 3 号位扣球，乙方 4、3、2 号位队员组成三人拦网，接起对方扣球后组织防反。

（19）队员先站在网前准备拦网，然后迅速退至进攻线，在退的过程中接教师抛球，传、垫、插托给二传队员，自己再上步扣球。可以在 2 号、3 号、4 号位进行。

（20）队员二人先站在网前准备拦网，然后迅速退至进攻线，在退的过程中接教师抛球，一人传、垫、插托给二传队员，另一人再上步扣球。

（21）4 对 4 或 5 对 5 对抗赛。甲方连发 10 次球，由乙方组织进攻，乙方防守反攻。10 次之后由乙方发球，甲方进攻，双方各二人发球之后，即轮转一个位置再练。

（22）5 对 5 教学比赛。要求：攻防转换迅速，当发现对方二传的球不能扣时，前排拦网队员也要先拦网再后撤，抓好防反，组成“中、边一二”战术进攻。

第八节　专项身体素质训练

身体训练是指运用各种身体练习的方法与手段，全面提高与改善运动员的素质、形态、机能和健康水平的训练过程。

在气排球运动中，要想取得优异的成绩，不仅要具备良好的技术，而且还应具备良好的身体素质，气排球专项身体素质主要包括：弹跳力、力量（腰腹和腿部力量），速度（反应和挥臂速度），耐力、灵活性、柔韧性等。

一、发展力量素质的练习

1. 发展腰部肌肉群力量的练习

（1）仰卧起坐。

（2）仰卧举腿。

（3）单杠或肋木悬垂举腿。

（4）俯卧体后屈。

（5）俯卧体侧屈。

（6）俯卧跳箱式架子上，躯干向前悬空，由一人压住腿部，做后屈动作（可负重）。

（7）杠铃提铃练习。

（8）腰绕环练习。

2. 发展下肢肌肉群力量的练习

（1）下肢爆发力：杠铃负重蹲起，半蹲或全蹲，以最大肌肉力量的 70%～80%，以 10 次左右为一组反复做。

（2）半蹲静力练习。

下脚肌肉耐力：以最大的肌肉力量的 25%～30%负重蹲起 20～30 次，反复做。

（3）壶铃半蹲练习。

（4）负重弓箭步走。

（5）台阶跳跃练习。

3. 发展手臂肌肉群力量的练习

（1）俯卧撑或俯卧撑击掌。

（2）手倒立（靠墙或不靠墙）。

（3）手倒立推起。

（4）两人一组，面对面头上抛实心球（单手、双手）。

（5）哑铃或轻杠铃片练习：起跳摆臂，快速挺举、连续快速推举、臂绕环、侧平举。

（6）轻杠铃练习：快速挺举（前方、上方、斜上方）、连续快速推举（前方、上方、前上方）、站立（坐姿）头后推举。

（7）卧推。

（8）双人推小车。

4. 发展手指、手腕肌肉力量的练习

（1）负重（杠铃、哑铃）手腕屈伸。

（2）手持哑铃腕绕环。

（3）头上双手或单手手腕用力掷实心球。

（4）手指俯卧撑。

二、发展速度素质的练习法

1. 提高反应速度的练习

（1）全队队员分两队站立，相距 1 m 左右，看教练员手势做追逐跑。

（2）站、坐、跑、卧姿准备，看教练员手势向各个方向起跑。

（3）躲避球击：全队队员分成两队，一队站半场界内，另一队站场外，场外队员用一球（或多球）抛击场内队员，场内队员进行躲避，被击中者出场或加入场外队，直至全部被击中。

（4）冲刺接球：教练员单手将球高举，队员在 3 m 处准备，当教练员突然放手让球掉下时，队员在球落地之前将球接住。

（5）垫墙上反弹球：队员面对墙 2 ~ 3 m 站立并做好准备，教练员从队员身后突然将球扔到墙上，要求队员将反弹回的球垫起。教练员扔球的角度与速度要根据运动员的反应能力而定，并掌握好练习的难度。

（6）队员背对墙站立，自己对墙抛球并迅速转身将反弹的球垫起。

（7）移动接球：教练员在网前站立，队员在半场中准备，教练员向各位置抛球，要求运动员迅速判断并移动，在球未出半场或落地之前将球接住。

（8）两人隔网相对，一人做各种快速徒手移动及拦网动作，另一人力争同步跟随。

2. 提高动作速度练习

（1）快速挥臂以扣球动作击打固定球，球应在扣球手臂前上方最高处，击打时肩部向上伸展。

（2）两人一组，相距 10 m 以上，相互单手肩上掷篮球，要求以挥臂扣球动作掷球，并且使球出手后近似于平行飞行。

（3）距墙 10 m 左右，单手肩上掷垒球，要求以挥臂扣球的动作掷出。

（4）两人一组，相距 5 ~ 6 m，单手掷实心球。

（5）原地对墙用扣球动作甩垒球。

（6）助跑起跳网上甩垒球。

（7）连续跳 3 个不同高度的栏架，要求脚落地后立即跳起，节奏感要强。

（8）连续跳台跳深练习：8 ~ 10 个跳台，高 50 ~ 120 cm，按照中间高、两头低的顺序排列，距离 1.5 ~ 2 m，从第一个台跳下，着地后立即反弹跳上下一个跳台，连续跳完。

3. 提高移动速度的练习

（1）在中线与进攻线之间做 2 m 快速往返移动（侧向或前后）。

（2）“米”字形快速往返移动。

（3）结合球场移动步法练习，快速小步跑，快速交叉步跑，快速高抬腿跑，侧滑步跑，后腿跑，各种移动方法的组合练习等。

（4）气排球半场对角线冲刺。

三、发展弹跳力的练习法

1. 各种徒手跳跃练习

（1）跳深练习：60 ~ 80 cm 高台跳下，100 ~ 120 cm 高台跳下，高台跳下后立即冲刺，高台跳下后立即跳起或跳起扣球，半蹲姿势从高台跳下后跳起接教练的抛球。

（2）蛙跳：三级、五级或多级蛙跳。

（3）高台跳上跳下（单脚与双脚）。

（4）单足交替向前跨跳。

2. 利用场地器材的跳跃练习

（1）连续移动后跳起用双手摸固定目标。

（2）5 人一组连续跳起拍摸高器接力（全队可分两组进行比赛）。

（3）跳正方形皮筋：每角站 1 人，听信号后沿逆（顺）时针方向跳过皮筋互追。

（4）双脚、单脚跨跳：地上划两条相距 50 cm 的平行线，队员可用单脚、双脚做各种前进或后退的跳跃。

（5）在沙坑里连续进行原地双脚跳，收腹跳、深蹲跳、直腿跳等。

（6）跳绳：利用跳绳进行各种单人的单脚跳、双脚跳等。

四、发展耐力素质的练习法

1. 发展弹跳耐力的方法

（1）用本人绝对弹跳高度的 80%连续跳，以 20 ~ 30 次为一组，跳若干组（组间休息 2 ~ 3 min）。

（2）5 min 跳绳练习：双脚双摇跳 30 s，左脚单跳 1 min，右脚单跳 1 min，完成两个循环正好 5 min（可根据训练水平调整负荷）。

（3）连续原地起跳摸高。

（4）连续扣球：3 ~ 5 人一组，每人扣 30 ~ 50 次。

2. 发展移动耐力的方法

（1）看教练员手势向各个方向快速移动，2 ~ 3 min 为 1 组。

（2）单人左右移动拦网各 10 次。

（3）全场单兵防守，要求以每防起 15 个好球为 1 组。

（4）1 min 连续左右并步移动练习。练习 3 ~ 5 组。

3. 发展速度耐力的方法

（1）400 m 跑。要求队员在规定时间内跑完，间隔 1 min 再跑一次，练习 2 ~ 3 组。

（2）50 m 冲刺跑。间隔 20 s，练习 6 ~ 8 组。

4. 发展比赛耐力的方法

（1）连续比赛 5～6 局。

（2）身体训练以后再进行气排球比赛。

五、发展灵敏及协调能力的练习法

1. 手足协调练习

（1）两臂分别向前、后绕环。

（2）按教练员口令，两臂做同顺序不同起始节拍的动作。如左手前平举，右手在体侧不动—左手上举，右手前平举—左手侧平举，右手上举—左手放下体侧，右手侧平举—左手不动，右手还原。

（3）两足开立和并拢，做连续跳跃，双手从体侧平举至头上击掌，最后还原。

（4）分足跳时，双手头上击掌，并足跳时，双手侧平举。

（5）连续交换单足跳跃，前踢腿时，双手够足尖，后踢腿时，双臂上振，一条腿前踢落地后换另一条腿踢。

2. 结合球的练习

（1）持球躺在地板上，自己向上抛球后立即起立将球接住。

（2）将球用力向地面击打，待其反弹后钻过，反弹一次钻一次，看最多能钻多少次。

（3）连续接教练员扣、吊和抛的各种来球。

3. 游戏性练习

（1）打手就跑游戏。

（2）贴膏药游戏。

（3）躲避球游戏。

（4）地滚球游戏。

六、发展柔韧性的方法

（1）做各种摆振动作，逐渐增强运用的幅度，借以拉长关节周围的肌肉和韧带，扩大活动范围。如手腕绕环，脚踝绕环，腰绕环及肩绕环，两臂上下摆振，两腿交换作前、后、左、右摆振等。

（2）利用本身体重做弹性下压，如直腿体前屈手摸地，可以加摆振几次，双手扶在墙上作压肩的弹振，跪坐脚跟上，压踝关节柔韧性练习，弓箭步压腿，拉肩等。

（3）负重屈伸动作。

（4）两人一组，手臂互握，压肩练习。

（5）两人同时抬腿前压练习。

思考题

1. 在垫球、传球、发球、扣球、拦网 5 大技术中各列举 5 例练习方法。

2. 列举 5 例进攻战术的练习方法。

3. 列举5例防守战术的练习方法。
4. 列举5例力量素质的练习方法。
5. 列举5例速度素质的练习方法。
6. 列举5例弹跳力素质的练习方法。

第五章

气排球竞赛编排与裁判工作

第一节　气排球竞赛组织与编排

一、竞赛组织

1. 赛事前期准备

（1）赛前召开报名会（要求领队、教练员参加）确定规则的执行和特殊规则及竞赛规程方面的具体事宜。

（2）确定报名队数、队的成员（第一次报名可增加报名人数 2～4 人）和赛制、比赛时间。

（3）通过分组原则和抽签办法确定队伍的序号，确定最终的竞赛日程。

（4）提出比赛服装和器材方面的要求。

2. 赛前技术会议

（1）参加人员：领队、教练员（统一服装且必须到场）。

（2）填写好最终确认名单（规程规定人数）、队员号码，确定服装颜色。

（3）检查两套队长服装的号码和队长标志是否符合规则要求。

（4）解读本次比赛的规则执行及特殊规则和竞赛规程要求。

（5）确认Ⅰ号公告（包括确认名单表和竞赛日程中的服装颜色安排）是否正确，一经确认不得更改。

（6）对队伍成员和裁判员提出要求。

3. 比赛期间

（1）及时做好每天的成绩公告（全天比赛结束后 1 小时内完成）。

（2）认真开好每天的裁判员讲评和小结会，及时做好沟通，确保比赛顺利进行。

4. 比赛结束

全部比赛结束后 24 小时内完成成绩册的制作。

二、竞赛编排

1. 赛制

基本赛制包括单循环、双循环、单淘汰、双淘汰、综合赛制。

（1）单循环。

单循环制是所有参赛队均能相遇一次，最后按照决定名次的办法排列名次，通常在参赛队不多且时间和场地都有保证时采用的赛制。

（2）双循环。

双循环制是所有参赛队均能相遇两次，最后按照决定名次的办法排列名次。如果参赛队少，时间和场地有保证，或者创造更多比赛机会（如联赛制），通常会采用双循环赛制。

（3）单淘汰。

单败淘汰制是指负一场即被淘汰出局。如队伍很多，时间和场地不能保证，或综合赛制的第二阶段，通常会采用单败淘汰制。

① 参赛队按 2 的次方序号排位（2、4、8、16、…），并平均分为上下两个半区。

② 采用抽签方式落位或按照上届比赛名次以种子队落位。

③ 种子队落位原则：以上届比赛录取前八名，本次比赛共有 16 支队参赛为例。上届前八名（1、2、3、4、5、6、7、8）自动落位（按规定顺序，如图示），其余 8 支队伍（9、10、11、12、13、14、15、16）抽签落位（按规定顺序，如图示），依次类推。

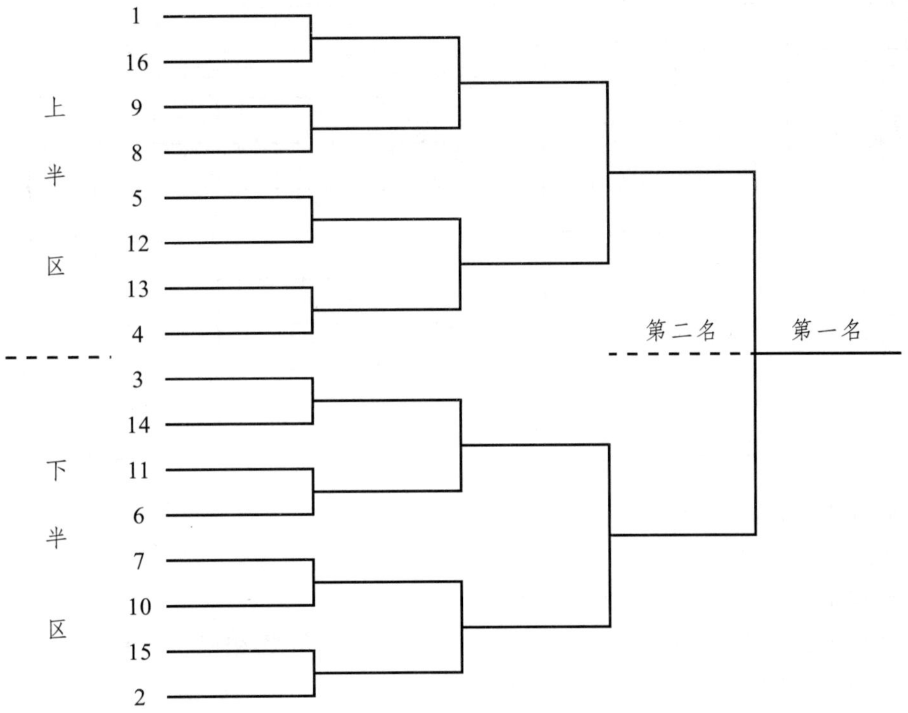

④ 如不足 16 支队伍，则按 16、15、14、…的顺序空位。

⑤ 如队伍数量为 17 ~ 31 支，根据比赛条件（时间、场地等），自行决定“抢号”或“轮空”。“抢号”即通过抽签按 16、15、14、…的顺序抽 16a - 16b、15a - 15b、14a - 14b、…，加赛一轮，胜者落在 16、15、14、…的位置。“轮空”即设立 32 个位置，如 22 支队伍参赛，第一轮 10 支队伍轮空。

（4）双淘汰。

双淘汰制是指负两场即被淘汰出局。为增加比赛激烈程度，避免作弊现象，根据队伍多少和时间、场地条件，可以采用双淘汰制。

① 抽签落位原则同单淘汰制。

② 以上届比赛录取前四名，本次比赛共有 8 支队参赛为例（如图示），依次类推。

（5）综合赛制。

参赛队伍较多，时间有限，场地有保证的情况下，合理采用综合赛制。常见的综合赛制是分阶段进行，第一阶段分组单循环赛排定小组名次，第二阶段交叉淘汰赛决出最终名次（1/8、1/4、半决赛、决赛）。第二阶段交叉赛对阵办法：

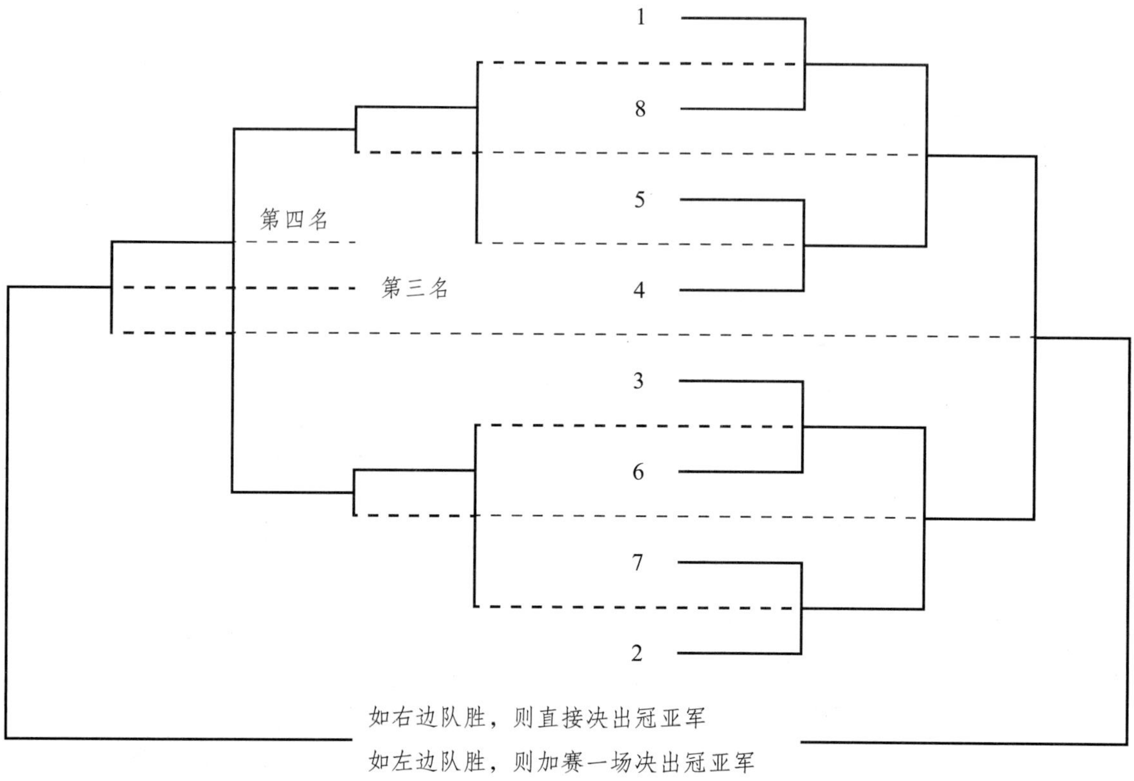

① 分组对阵原则：

a. 按 2 的次方确定分组数量。

b. 名次靠前的队伍对阵相对靠后的队伍。

c. 同组前两名的队伍在第二阶段（1/8、1/4、半决赛）不再相遇，合理分配到上下两个半区，除非最后的决赛相遇。

② 两个小组可以采用 A1—B2、B1—A2，胜者争夺冠亚军，负者争夺第三、四名；或采用小组前四名出现，对阵方法如图示：

③ 四个小组前两名出现进入前八名的对阵方法：

④ 四个小组前四名出现进入前十六名的对阵方法（录取前八名）：

⑤ 八个小组前两名出现进入前十六名的对阵方法（录取前十六名）：

2. 编排

（1）分组对阵原则及淘汰赛阶段编排办法按赛制中的办法。

（2）比赛的轮次和场数。

① 循环赛轮次的计算：参加比赛的队为单数时，轮次即等于队数，如 5 队参赛，比赛就要进行 5 轮；参加比赛的队为双数时，轮次 − 1，如 12 个队参加比赛，比赛的轮次为 12 − 1 = 11 轮。

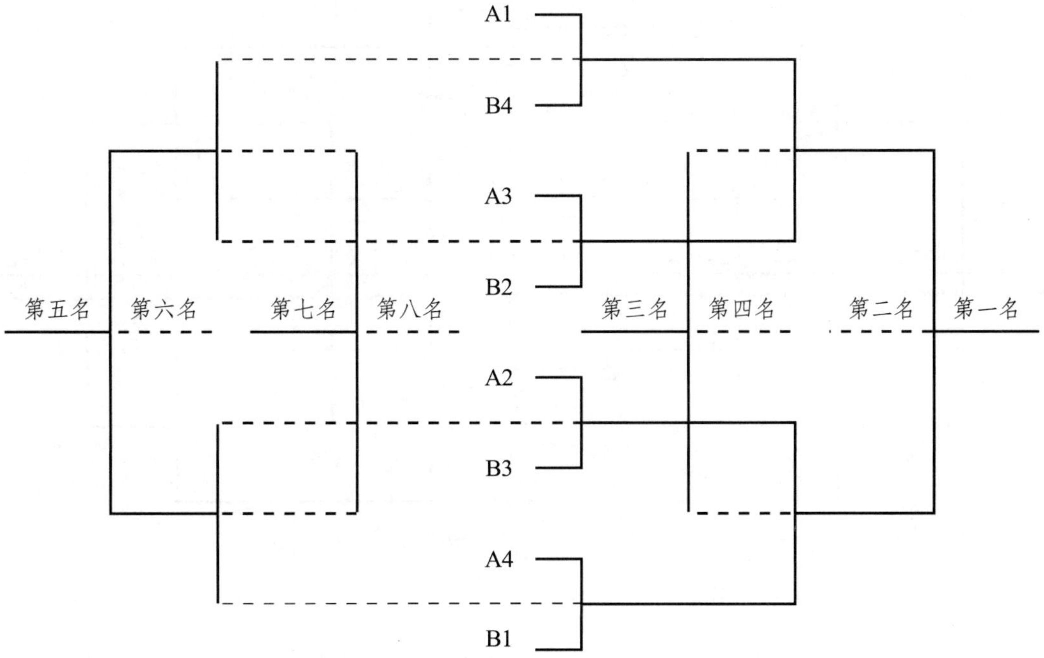
A1
B4
A3
B2
第五名
第六名
第七名
第八名
第三名
第四名
第二名
第一名
A2
B3
A4
B1

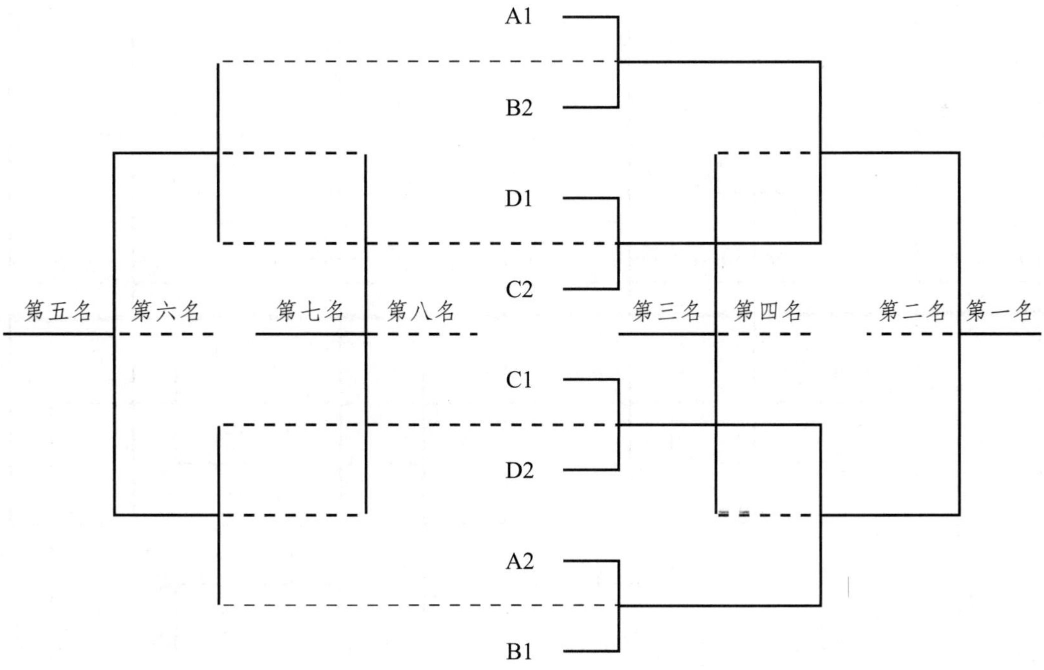
A1
B2
D1
C2
第五名
第六名
第七名
第八名
第三名
第四名
第二名
第一名
C1
D2
A2
B1

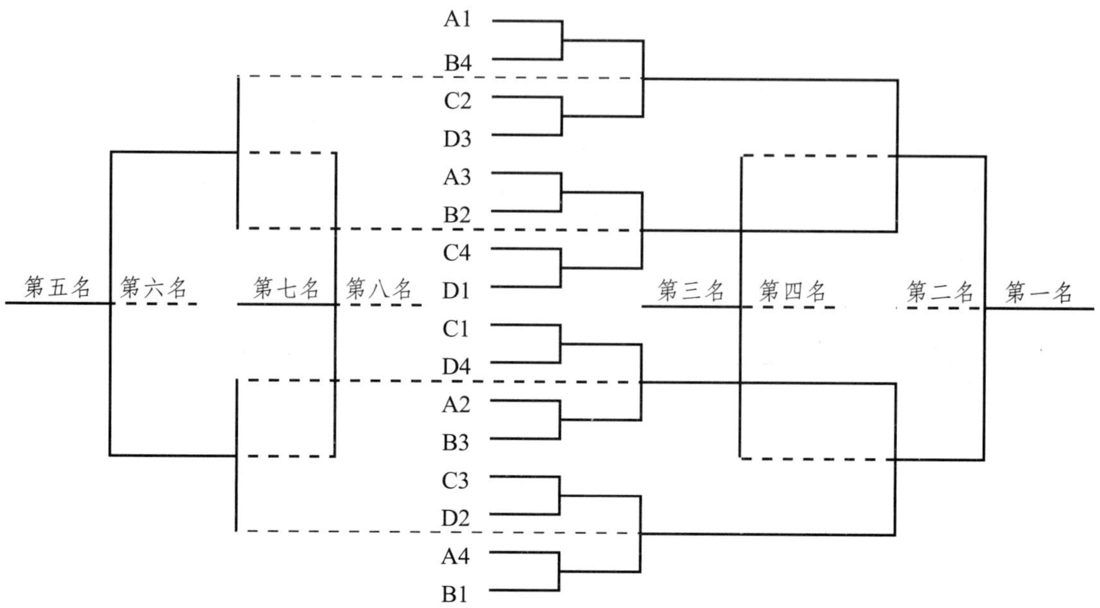
A1
B4
C2
D3
A3
B2
C4
D1
C1
D4
A2
B3
C3
D2
A4
B1
第五名
第六名
第七名
第八名
第三名
第四名
第二名
第一名

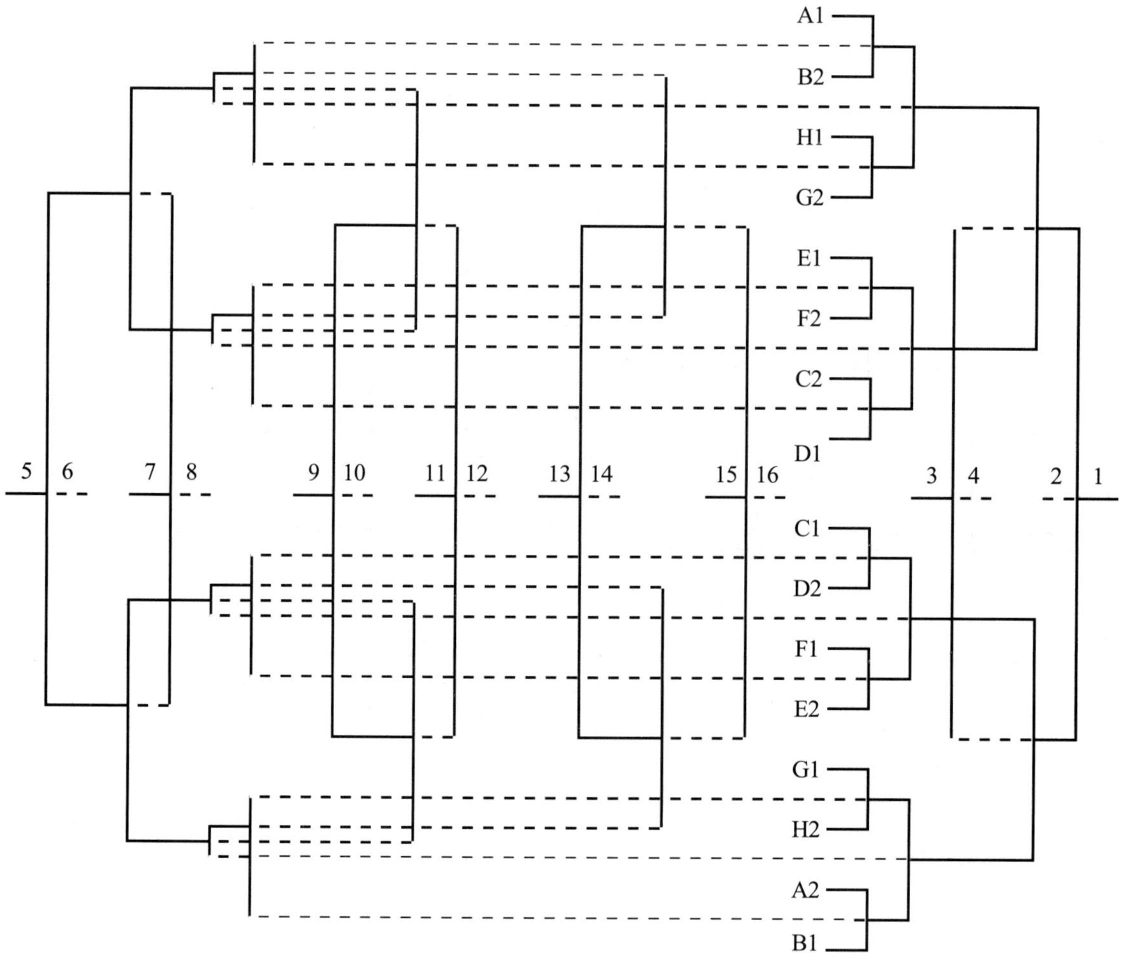
A1
B2
H1
G2
E1
F2
C2
D1
C1
D2
F1
E2
G1
H2
A2
B1
5
6
7
8
9
10
11
12
13
14
15
16
3
4
2
1

② 淘汰赛轮次的计算：1/2（4 进 2）赛制两轮、1/4（8 进 4）赛制三轮、1/8（16 进 8）赛制四轮、1/16（32 进 16）赛制五轮，依次累加。如第一阶段 16 支队分成四组，小组单循环赛前两名出现，则轮次是小组赛 3 轮，第二阶段 1/4（8 进 4）赛制是 3 轮，共进行 6 轮比赛。

③ 循环赛场数的计算，按下列公式进行计算：队数×（队数-1）÷2 = 比赛场数。如有 8 个队参加比赛，比赛的场数为 8×（8-1）÷2 = 28。

④ 淘汰赛场数的计算：按进入正赛队伍 2 的次方数（第一轮抢号或轮空要相应增减）计算，场数 = $n/2+n/4+n/8$（…）+相应名次赛。

（3）贝格尔编排法。

排球比赛通常采用贝格尔编排法。其优点在于每轮队伍前后基本自动换位；场序自动换位；每一轮最后一场都是最精彩的比赛“排名最接近，除最后一轮”。

① 先用号码数代表各参赛队，然后将参赛队数平均分为两半，按“U”字形逆时针排序。

② 前一半由 1 号开始自上而下写在左边，后一半的号数自下而上写在右边，然后用一条横线把相对的号数连起来就是第一轮的比赛安排。如果参赛队是奇数，第一轮右上角用“0”代替一个队，使参赛队变成偶数，凡与“0”号相连的队即为该队轮空。

③ 第一轮右上角的数字在每轮次中左右摆一次（单数轮在右上角，偶数轮在左上角）。

④ 第二轮开始，上一轮右下角的数字调到最上方与最大数（或 0）对阵。

⑤ 其余数字以上调的数字为基数（左右摆动的数字忽略）按逆时针排序落位。如下图：6 个队为例。第一轮右下角是 4，第二轮 6 调到左边，4 上调至最上方与 6 对阵，其余数字以 4 为基数逆时针生成“12345”。每一轮都是以上调的数字为基数逆时针生成“12345”。

第一轮	第二轮	第三轮	第四轮	第五轮
1-（6） 2-5 3-4	（6）-4 5-3 1-2	2-（6） 3-1 4-5	（6）-5 1-4 2-3	3-（6） 4-2 5-1

⑥ 数字代表上届比赛的名次。最后一名就是每轮第一场（偶数队）。如第一次比赛抽签决定序号，可以均衡调整每轮场序。根据东道主的优势“二.2.（6）”，可以将东道主直接定为最大数（偶数队）。

（4）小组赛的位置编排（按蛇形编排法落位）。

按上次比赛的名次确定序号（如新参赛的队或第一次组织的比赛，则抽签决定序号）：

A 组	B 组	C 组	D 组
1	2	3	4
8	7	6	5
9	10	11	12
16	15	14	13

（5）计分办法。

① 比赛采用 3 局 2 胜制。胜 1 场得 2 分，负 1 场得 1 分（弃权得 0 分），积分高者名次列前。如积分相等，则按以下顺序决定名次（循环赛所有场次均计算在内）。

② 积分相等时，C 值（总胜局/总负局）多者列前。

③ C 值相等时，Z 值（总胜分/总负分）多者列前。

④ 如两队 Z 值仍相等，胜队列前；如三队或三队以上 Z 值仍相等，则在该几队之间按上述②③的顺序排列。

（6）东道主的特殊规定。

① 循环赛中可以调整一轮比赛。

② 循环赛中可以选择每轮的比赛场序（淘汰赛阶段则按竞赛日程执行）。

第二节　气排球裁判工作

一、第一部分　裁判应具备的能力

（一）执法的公正一致

竞技比赛中优秀裁判员的立足点是执法的公正一致

——对所有参赛者的公正一致；

——被观众认可的公正一致。

（二）裁判员应具备的素质

（1）裁判员应具备的三项基本素质。

人的素质。

心理素质。

业务素质。

这三者是三个圆，环环相扣。你具备了这三个条件才能更好地实现“领导满意，运动员满意，观众满意”这样一个目标。

第一，人的素质。

“学做裁判，首先学会做人”。人的素质高决定了裁判队伍是一支高素质的队伍。人的素质又包含了政治素质和文化素养。通俗的语言表达就是：

① 待人要真诚，为人要谦和，不夜郎自大，也不狂妄自大。

② 要有团队精神。对前辈要尊敬，对平辈要团结，对晚辈要爱护。

③ 要勇于承担责任，也要敢于承担责任。

④ 既要有敏锐的政治头脑，又要有驾驭全局的工作能力。

第二，心理素质。

吹好一场球裁判员的心里素质是重要的一环。如果说一名裁判员没有良好的心理承受能力是很难想象能完成好裁判任务。例如，有的裁判员吹一般场次可以，吹重要场次掉链；有的裁判员前面吹得可以，到关键局关键分就出错；有的裁判无领导在吹得可以，有领导在就哆嗦。这些表现都是心理不成熟的表现。

提高心理素质我体会应做到二点：

一是多锻炼。这种锻炼不仅体现在裁判上，还包括其他能力的锻炼。

二是自信心。裁判员与运动员一样对自己的水平和能力要有足够的信心。

三是业务素质。包括理论和实践。

“没有最好的裁判，只有少犯错误的裁判”。扎实的基本功（理论、手势、哨音、站姿、目光、一裁、二裁、司线、记录、广播、管理、程序、配合、解读规则能力等）是准确判断的基础。只有在大量的实践中不断积累处理疑难球的经验、虚心好学（多学、多看、多问、多练）、积极总结，不断充实自己，才能胜任愈发激烈和正式比赛的裁判工作。

（2）裁判员要具备如下素质才能获得运动员的充分信任，使双方比赛队员满怀信心投入比赛之中，给所有参与者和观众带来运动的乐趣和美的享受。

——准确的判断。

——对规则精神的了解。

——有效的组织能力。

——把握比赛的流畅进行。

——教育不文明和处罚违背公正的行为。

——促进气排球运动的发展，让观众融入比赛，参与互动；让运动员更好发挥水平，娱乐大众。

（三）工作能力

（1）一名优秀的裁判员应立足为运动队和观众做好服务，通过竞赛规则的执行，尽已所能，为运动队构建“公正竞赛”的平台，使比赛给所有参与者带来美好的体验。

（2）“严肃、认真、公正、准确”是裁判工作的八字方针。“公正、准确、规范、责任”是工作准则。裁判员只有在判断上追求“准确”，才能体现“公正”；做到“规范”程序和管理，才能体现“责任”的担当。

（3）裁判员应认真加强业务学习，熟读竞赛规则，依据规则，行使职权，心无杂念，秉公执法，保持比赛的流畅性，获得教练员、运动员、观众的充分信任和认可。只有做到了这些，才能体现气排球运动的健身价值，大力发展气排球人口，促进气排球运动的发展。

二、第二部分　器材与设备

（一）比赛场地的面积

（1）比赛场地包括比赛场区和无障碍区。比赛场区为 12 m×6 m 的矩形，由边线、端线、中线、进攻线（在每条进攻线边线两侧画三段长 15 cm、宽 5 cm，并间隔 20 cm 的虚线，虚线总长 1.05 m）和发球区短线（在两条边线的两端，距离端线 20 cm，画一条 15 cm 长的短线）组成（基层推广可以用羽毛球场地 13.4 m×6.1 m，双打的发球限制线为端线，羽毛球场的端线为跳发球限制线）。比赛场区的四周至少有 2 ~ 3 m 宽的无障碍区，上空的无障碍空间从地面量起至少高 7 m。

（二）比赛场地的区域

（1）前场区：每个场区各画一条距离中线的中心线 2 m 的进攻线（其宽度包括在包括在前场区内）。中线与进攻线之间为前场区。其两侧至无障碍区终端。

（2）后场区：端线与进攻线（不包括线宽）之间为后场区。

（3）发球区：发球区宽 6 m（包括发球区短线的宽度），位于端线后（不包括端线）。两条端线后各画一条长 15 cm、垂直并距离端线 20 cm 的短线，两条短线之间的区域为发球区。在距端线后 1 m 处画一条平行于且与端线长度相等的平行线为跳发球限制线；跳发球（发球击球时双脚同时离地）必须在该线后完成起跳动作。发球区的深度延至无障碍区的终端。

（4）换人区：两条进攻线的延长线之间、记录台一侧边线外的范围。

（5）无障碍区：比赛场区的四周至少有 2 ~ 3 m 宽的无障碍区，上空的无障碍空间至少高 7 m。

（6）过网区：是球网垂直平面部分，其范围是：上至天花板，下至球网上沿，两侧至标志杆及延长线。

（三）比赛场地的检查

为了迅速而准确地丈量场地是否符合规定，必须用钢卷尺进行检查。检查时可将钢卷尺的 0 刻度固定在球场的一角，然后向各对角点进行丈量（以线的外缘计算），尺寸分别如图 5-1 所示。

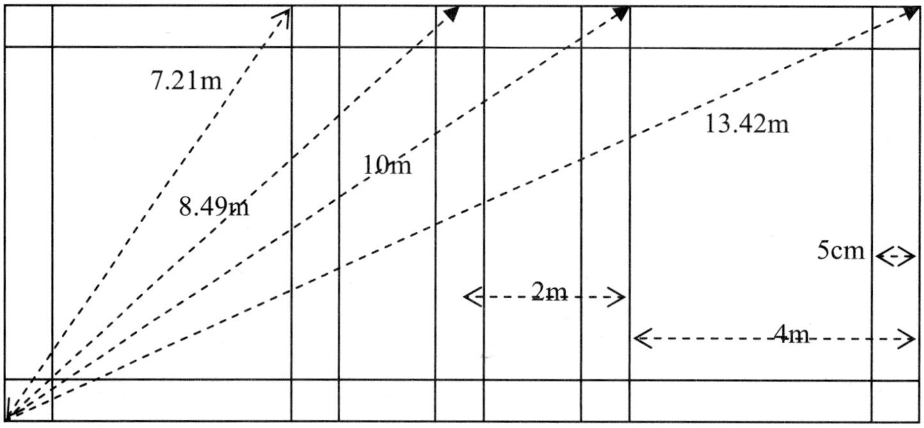

图 5-1　比赛场地各尺寸数据

（四）比赛场地的地面和界线的要求

室内比赛场地的地面为浅色。所有的界线宽 5 cm，线的宽度包括在场地面积之内，其颜色须区别于场地颜色；不得用任何坚硬的物体作为场地界线（如：砖头、木料、碎石等）；若用油漆、胶带纸划线，应尽量保证线的宽度和直度。场地的地面必须平坦、水平、划一。

（五）球网和标志杆的安装

球网架设在垂直地面中线上空。球网为黑色，长 7 m，宽 0.8 m，网孔为 8 cm 见方。网的上沿缝有 5 cm 宽的双层白色帆布，中间用柔软的钢丝绳穿过，网的下沿用绳索穿起，上下沿拉紧并固定在网柱上。球网的两端各系一条宽 5 cm，长 0.8 m 的标志带，垂直于边线。在两条标志带外沿、球网的不同侧面，分别设置长 1.80 m，直径 1 cm 的标志杆，高出球网 1 m。标志杆高出球网部分每 10 cm 涂有红白相间的颜色。网柱应在中线的延长线上，距离边线 0.5 ~ 1 m。标志杆是球网的设备之一，它标志球网两端的界限。因此，标志杆应紧靠标志带的外沿，即垂直于边线外沿的上空，并安装在球网的不同两侧（最好都在四号位一侧）。

（六）球网高度和丈量

球网架设在中线上空，中青年男子网高为 2.10 m，中青年女子网高为 1.90 m，老年男子网高为 2 m，老年女子网高为 1.80 m。混合组网高 2 m。

球网的高度应用量尺从场地中间丈量，球网两端（边线上空）的高度必须相等，并不得超过规定网高 2 cm。

（七）比赛用球

球是圆形的，球的面料由柔软的高密度合成革材质制成。

比赛的用球必须做到五统一。包括：

（1）圆周：72 ~ 78 cm。

（2）质量：120 ~ 140 g。

（3）气压：0.15 ~ 0.18 kg/cm^2。

（4）牌号：同一特性、同一品牌。

（5）颜色：彩色。

三、第三部分　比赛的参加者

（一）球队的成员

一个队有 10 人，由 1 名领队，1 名教练员，8 名队员组成（比赛中领队、教练员可兼运动员）。根据比赛特性可适当增加队员人数。

只有登记在记分表上的球队成员方可进入场地和参加比赛，一经教练员、队长在记分表上签名确认后，即不得更换。比赛中，球队的成员应坐在他们场地一侧的球队席上；替补队员可以在本方场区的无障碍区外做无球的准备活动。

（二）比赛服装

球队成员服装要统一。上衣前后中间位置须有号码，序号为 1 ~ 19 号。身前号码至少 15 cm 高，身后号码至少 20 cm 高。号码笔画宽度至少 2 cm。队长上衣应有一条与上衣颜色不同的长 8 cm、宽 2 cm 的标志。

（三）参赛者的权利和责任

参赛者应遵守规则，并尊重裁判、尊重对手、尊重观众，服从裁判的判决，不允许争辩。教练员和队长对全队成员的行为和赛风赛纪负责。

（四）教练员

（1）教练员赛前应核对记分表上登记的本队队员名单、号码，并签字确认。每局比赛前将该局上场队员位置表交给第二裁判员或记录台。

（2）比赛中请求暂停和换人，在场外行使指导。指导时允许教练员在进攻线延长线和端线延长线之间的边线外站立或走动，但不得干扰或延误比赛。

（3）在教练员缺席的情况下，场上队长可以承担教练员的职责。

（五）队长和场上队长

（1）队长应有队长标志，赛前在记分表上签字，并代表本队抽签。

（2）比赛中如队长在场上，为当然的场上队长；如他被换下场时，由教练员或队长指定另一名场上队员担任场上队长。

（3）只有场上队长在死球时可以向裁判员请求。

① 对规则的执行进行解释；第一裁判员必须回答，必要时不仅只重复手势，还要赋予简短的规则用语。但当第一裁判员解释后，不得与裁判员纠缠与争辩，否则判该队“延误比赛”。

② 转达本队队员提出的问题和请求。

③ 如果对裁判员的解释不满意，可以选择抗议并立即向第一裁判员声明，保留其在比赛结束时将正式抗议写在记分表上的权利。

④ 比赛结束后感谢裁判员，并在记分表上签字。

四、第四部分　比赛的方法

（一）计分方法

（1）比赛采用三局两胜制、每球得分制。

（2）前两局比赛先得 21 分同时领先对手 2 分的队胜一局，决胜局先得 15 分同时领先对手 2 分的队胜一场（8 分时交换场地）。

案例 1：决胜局进行到 8∶7 时，A 队连续发球得 2 分（10∶7），但此时 B 队提出 8∶7 时双方没有交换场地，应交换场区后从 8∶7 重新开始。裁判员判定按 B 队的建议执行，双方均无异议。

处理办法：裁判员的判定错误。如果没有及时交换场地，在发现时只要完成交换场地即可，场上比分必须保留，并保留 10∶7 时双方场上阵容。

（3）无正当理由而未准时到场或被召唤之后拒绝比赛的队，判为弃权。对方以每局 21∶0 的比分和 2∶0 的比局获胜。

（4）某队被宣布一局或一场比赛阵容不完整时，则输掉该局或该场比赛，判给对方胜该局或该场比赛所必要的分数和局数。阵容不完整的队保留其所得分数和局数。

（5）胜一场得 2 分，负一场得 1 分，弃权为 0 分。

（6）循环赛决定名次的方法（所有场次均计算在内）：

① 积分多者名次列前。

② 积分相等时，C 值（总胜局/总负局）多者列前。

③ C 值相等时，Z 值（总胜分/总负分）多者列前。

④ 如两队 Z 值仍相等，胜队列前；如三队或三队以上 Z 值仍相等，则在该几队之间按上述②③的顺序排列。

（二）抽签

准备活动和决胜局前，由第一裁判员召集双方队长参加抽签，由第一裁判指定双方颜色

（挑边器），单手拇指弹起后用双手夹住。如甲队抽签获胜，则出现以下三种可能：

（1）如甲队选择发球，则乙队是接发球队，乙队只能选择场区（A 或 B 场区。记录台左边是 A 场区，右边是 B 场区）。

（2）如甲队选择接发球，则乙队是发球队，乙队只能选择场区（A 或 B 场区）。

（3）如甲队选择场区（A 或 B 场区），则乙队必须在发球和接发球中选择其一（挑选余下的属甲队）。

（三）准备活动

抽签结束后进行正式准备活动，两队各自在自己的半场练习 10 分钟（自行把握各位置练习和发球时间），扣过网的球不准伤及对方队员（Ⅱ、Ⅳ号位时直线练习，Ⅲ号位时交替进行）。

（四）位置错误的判断依据

（1）场上位置如图 5-2 所示。靠近球网 2 号位（右）、3 号位（中）、4 号位（左）三名队员为前排队员，另外二名队员 1 号位（右）、5 号位（左）为后排队员。1 号位队员与 2 号位队员同列，4 号位队员与 5 号位队员同列，前排 3 号位队员与后排队员没有站位位置关系。相邻的两名队员之间存在位置关系，如 2 号位队员与 3 号位队员有左右位置关系，2 号位队员与 1 号位队员有前后位置关系。

（2）当发球队员击球时，如果队员不在其规则规定的正确位置上，则构成位置错误犯规。判断位置错误的依据必须同时具备以下两点：

① 队员发球击球时的一刹那。

② 队员脚的着地部分（不能违背规则同排左右或同列前后的位置关系）。

发球击球后，队员可以在本场区和无障碍区的任何位置上。

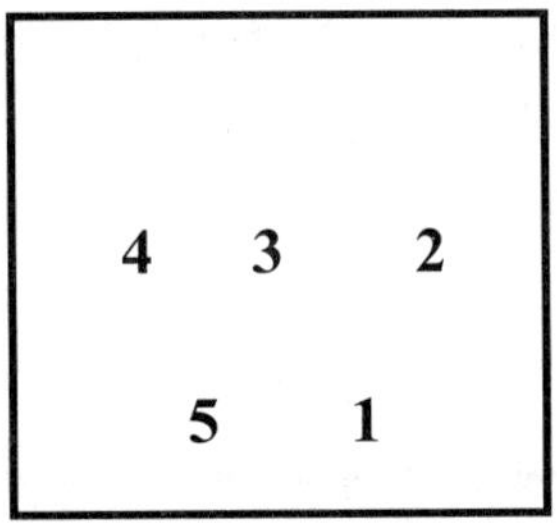

图 5-2　场上位置

（五）位置错误的处理

（1）当发球队员击球时的犯规与对方位置错误同时发生，则发球犯规被认为在先而被判罚（即犯规队的对方得一分并得发球权）。

（2）当发球队员是发球击球后的犯规与对方位置错误同时发生，则位置错误在先，判位置错误犯规，处理步骤如下：

① 位置错误一方队员恢复到正确的位置。

② 位置错误的一方被判失一球。

（六）比赛中场上队员受伤后的处理

（1）立即鸣哨停止比赛，经处理后该球重新发球。

（2）首先进行合法的替换。

（3）如不能进行合法替换，可进行特殊替换（特殊换人不作为换人的次数计算），由场下任何一名队员替换其位置。受伤队员不能在本场比赛中返回场上。

（4）若特殊替换不能进行，则判该队阵容不完整。

（5）如受伤队员不能进行合法替换和特殊替换，则给予受伤队员 5 分钟的恢复时间。一场比赛中同一队员只能给予一次恢复的时间。

（七）一局开始前，场上队员的位置与位置表不相符时的处理

（1）如位置表上的队员均在场上，只是场上位置与位置表不符时，则按位置表进行纠正，不进行判罚。

（2）如场上有一个或更多的队员没有登记在位置表上，则第二裁判员应立即询问教练员。如果教练员确认号码填错，则必须请求正常的换人，并由记录员登记在记分表上；如果教练员确认按位置表的阵容，则第二裁判员应按位置表进行纠正，不进行判罚。

案例 2：第三局决胜局进行到 A 队 9∶7 领先 B 队（B 队 9 号队员准备发球），此时发现 B 队场上 9 号队员不在位置表的名单上（位置表上应是 6 号，教练员笔误造成位置表填错），经确认后第一裁判员判定取消 9 号队员第三局在场上时的所有得分，比分为 9∶0，B 队按位置表纠正位置，6 号换下 9 号。B 队教练员提出严正抗议，认为是裁判员没有及时核对本局开始时的位置表才导致的错误，应按失 1 分处理，由对方发球，6 号换下 9 号，比分为 A 队 10∶7，比赛继续，裁判员应如何处理？

情况一：纠正 B 队场上位置，6 号换下 9 号，但不算一次正常换人（如果坚持 9 号在场上，就进行一次正常换人 6 号下，9 号上）。取消 9 号在场上时的 B 队所有得分（确定是首发就在场上就是 A 队 9∶0），由 B 队首发 1 号位队员发球。此案例中首先是二裁和记录员没有认真核对位置表造成的错误（严重的错误），但依据规则必须按上述办法处理。

情况二：如果是 9 号队员发球击球时发现的，记录台应及时鸣哨终止比赛。判发球次序错误，失 1 分；纠正 B 队场上位置（同上）；取消 B 队 9 号在场上时的所有得分。A 队 10∶0 并发球，B 队恢复首发场上位置。

（八）轮转错误的处理

没有按照轮转次序进行发球为轮转错误。发现轮转错误应按以下方法进行处理：

（1）如记录员确定犯规队未得分时：则判犯规队失一球，同时纠正该队队员错误的轮转次序。

（2）如记录员能确定犯规队已得分时：除上述方法处理外，同时取消该队轮转错误发生以后的所有得分，对方得分有效。

（3）如记录员不能确定在轮转错误中所得分数：则按（八）（1）的方法进行处理。

（九）阵容不完整及成绩计算

（1）全场或一局比赛开始时，比赛队运动员少于五人，裁判员宣布该队为阵容不完整。

对方以两局 21：0 的比分和 2：0 的比局获胜。

（2）某场上队员被判罚出场或取消比赛资格，而又不能进行正常换人时，宣布该队为阵容不完整。该队输掉该局比赛，给对方胜该局比赛所必要的分数，阵容不完整的队保留所得分数。

（3）某队员受伤不能进行合法替换和特殊替换，在给予 5 分钟的恢复时间后仍不能进行比赛，则宣布该队为阵容不完整。其成绩的计算同（九）（2）。

五、第五部分　比赛行为

（一）比赛的状态

1. 比赛开始

第一裁判员鸣哨允许发球，发球队员击球为比赛开始。

2. 比赛中断

裁判员鸣哨则比赛中断，但如果裁判员是由于比赛中出现犯规鸣哨的，则比赛的中断实际上是由犯规的一刻开始的。

案例 3：A 队 19：13 时，Ⅴ号位（A 队开始阵容）6 号队员发球后，由于场外有球进入场地，裁判员鸣哨此球重新发球，但记录台没有发现，以为是发球得分（20：13），当 6 号队员再次发球时发球直接得分，但此时记录员通知二裁发球轮次错误，当二裁鸣哨后，经核实是记录台错误，一裁判定再次重新发球。A 队坚持发球已经得分，应是 20：13 由Ⅰ号位（开始阵容）队员发球。如何处理？

处理方法：裁判的判定正确。因裁判鸣哨中断的比赛，如经核实是裁判的误判，必须重新开始。此案例中实际应是记录员在发球队员击球时及时鸣哨中断比赛，却通知二裁鸣哨，造成哨音滞后，但依据规则“比赛的中断实际上是从犯规的一刻开始的”，也就是发球击球时就已经犯规（裁判员的错误是在此时发生的），也就不存在发球得分还是失分的问题，A 队 19：13 时，6 号队员继续发球。

（二）发球时的犯规

（1）再次发球试图。发球队员将球抛起，未触及发球队员而落地（与场区内外无关），允许再次发球，但只限一次。

（2）发球队员用双手或脚击球。

（3）击球前球未抛起或未先撤离持球的手。

（4）发球队员击球时身体的任何部分触及无障碍区。

（5）发球次序错误。

（6）第一裁判员鸣哨后，发球队员在 8 秒钟内未将球击出。

（7）发球击球时脚触及端线或发球线以外部分。

（8）球抛起后下落时没有击球但触及发球队员身体的任何部分。

（三）发球击球后的犯规

（1）发球击球后入网并落在本方场地。

（2）球从网下进入对方场区。

（3）球触及标志杆，或从标志杆外，或从标志杆的延长高度上空进入对方场区。

（4）球触及标志杆以外的球网、网绳、网柱。

（5）球触及场外物体、天花板或非比赛成员。

（6）球在进入对方场地前触及本队队员。

（7）击球后球落在界外。

（8）球越过发球掩护的个人或集体。

（9）如发球队员在裁判员允许发球鸣哨的同时或之前发球，则重新发球。

（四）发球次序错误的处理

没有按照位置表上的轮转次序进行发球称发球次序错误。

发现发球次序错误时，记录员应在发球队员击球时鸣哨或按蜂鸣器通知裁判员，其处理方法与轮转错误处理方法一样。

（五）进攻性击球和完成进攻性击球

除发球和拦网外，所有直接向对方的击球都是进攻性击球。

球的整体通过球网垂直面（包括触及球网后再进入对方空间）或触及对方队员，则认为完成进攻性击球。如果球触及球网上沿的同时又直接触及拦网队员，或球从网上弹起又直接触及拦网队员，以及球未过网前触及拦网队员的手后又反弹回进攻一方，都被认为是完成进攻性击球。

案例 4：A 队第三次击球打在网钢上弹回（没有过网），但在弹回时球碰到 B 队过网拦网队员的指尖，A 队队员再次击球时，裁判员判 A 队四次击球违例。

处理方法：裁判的判定错误。球只要触及拦网队员的手（跟球触及网钢后的弹回方向无关）就是完成了进攻性击球。A 队可以继续击球。

（六）进攻性击球的限制

进攻线后（后场区），队员可以对任何高度的球完成进攻性击球，但：

（1）扣球起跳时脚不得踏及或越过进攻线（高于球网上沿的球）。

（2）前场区可以对低于球网的球完成进攻性击球，但球的飞行轨迹必须高于击球点，并有明显向上的弧度。后排起跳击高于球网上沿的球时，脚踏及进攻线后由扣球改为有抛物线的吊球是允许的。

案例 5：A 队队员扣球时脚踏及进攻线，球打在网钢上向上高高弹起进入对方场区空间，B 队队员在后排起跳直接扣球，被 A 队前排队员拦死。裁判员判 A 队拦网得分。

处理方法：裁判员的判定错误。A 队队员扣球时脚踏及进攻线，当球通过球网垂直面时就已经是进攻性击球违例。踏及进攻线后的击球等同于前场区的击球，扣球尽管打在网钢上向上弹起有弧度进入对方场区，但违反了“球的飞行轨迹必须高于击球点”这条规则。前场区的进攻性击球只要违反“弧度”和“轨迹”任何一条都是犯规。

（3）接发球队不能对在本方场区内高于球网上沿的对方发球完成进攻性击球。

（七）拦网和过网拦网

1. 拦网

（1）定义。

拦网是队员靠近球网，在高于球网处（身体的任何部分）阻挡对方来球的行动，与触球点是否高于球网无关；只有前排队员可以完成拦网。单手、双手、身体任何部分触球都可以完成拦网。允许同一个拦网动作中球连续触及一名或多名队员的身体任何部分。

案例 6：双方在网上同时触球后球在网上有短暂的滚动，此时 A 队前排队员用拦网动作将球拦死。应如何处理？

处理方法：应判 A 队犯规。

情况一：拦网是阻挡对方来球的行动，双方触球后，此球不是任何一方的“来球”（包括双方同时触球后球向上弹起到球网的垂直空间），所以任何一方用拦网动作将球向下拦过都不能算是拦网，应等同于前场区进攻性击球违例。

情况二：向上有弧度地将球击过网是允许的。

情况三：允许队员从后排起跳将球击过网（不管是否有弧度）。

案例 7：A 队一名前排队员匆忙中调整位置拦网，起跳后右手贴近球网，左手置于头后（两只手相距 50 cm 以上），结果 B 队的进攻性击球打在左手上弹起，该队员顺势将球又击起。裁判员判“连击”犯规。

处理方法：对于“靠近球网”的量化，规则没有给出明确的定义。目前湖南省执行的是“一个球（约 25 cm）”的距离，只要球的整体完全进入本方空间就不允许用拦网动作对高于球网上沿的球完成拦网（没有向上的弧度）。此案例中裁判的判定是错误的。拦网是一个整体动作，只要身体任何部分高于球网并靠近球网就是合法的拦网动作，也就是触及拦网队员身体的任何部分都是拦网触球，不算做本队的一次击球。但双人拦网时，两人一前一后，球打在后方队员（距离球网 30 cm 以上）的手上则算做本方一次击球，因为后方队员没有“靠近球网”，不能算是集体拦网的触球。集体拦网也是首先要求队员靠近球网，再看是否彼此靠近。

（2）拦网试图。

没有触及球的拦网行动为拦网试图。

案例 8：后排队员在前排拦网。如果是个人拦网，只要拦网时没有触及球或对方击球后将拦网手放下（假动作），都不算犯规。但如果参加集体拦网，只要有其中一人触球，都是拦网犯规。

（3）集体拦网。

两名或三名队员彼此靠近进行拦网为集体拦网，其中一人触球则完成拦网。

案例 9：A 队前排 3 号位队员试图并到 4 号位双人拦网，但 B 队二传将球分到了本方 2 号位一侧，3 号位队员匆忙想并到 2 号位，但 B 队扣球时，3 号位队员没有及时赶到，身体任何部分都没有高于球网，球正好打在他（她）的手上。这次触球算本方的一次击球还是算集体拦网的触球？

处理方法：集体拦网时只要有一人的身体任何部分高于球网，都算是集体拦网行动。此案例中主要是区分是否是集体拦网，裁判员认为是“彼此靠近”就按拦网触球处理（不算是本方的一次击球），裁判员认为两人距离较远，不能算是“彼此靠近”就按本方的一次击球处理。

（4）不允许拦对方发球。

案例 10：A 队前排队员拦对方发球时，球触及拦网手后向本方后场区弹起，A 队队员后排起跳将球扣死。裁判员判 A 队拦网犯规，B 队得分。

处理方法：裁判的判定正确。只要是拦网动作，不管是拦过网还是拦回本方都是完成拦网。所以 B 队发球后触及 A 队拦网队员手时就已经“拦网犯规”。

2. 过网拦网

（1）定义：允许拦网队员的手过网拦网，但不得干扰对方击球。过网拦网的触球必须在对方进攻性击球之后；在对方进攻性击球的同时或之前拦网触球（或触对方的手）均为犯规。

（2）当球飞向过网而尚未过网，有同队队员准备击该球时不允许过网拦网。

案例 11：此条规则仅限于在“网口”时，球的附近有本队队员准备好击球，而不是只要有队员匆忙赶来有可能击到球都算是“准备击该球时”。

（3）拦网队员是否过网拦网犯规，主要根据进攻队员与拦网队员击球的时间和空间来判断。

允许：

① 对方完成进攻性击球后。

② 对方第三次击球后。

③ 第一、二次击球后球飞向本方，并且在球的附近没有人准备击球。

不允许：

① 未完成进攻性击球。

② 二传平行球网（或向后）传出的球。

③ 球的附近有人准备击球时。

④ 后排队员拦网。

⑤ 拦对方发球。

（4）拦网队员过网在对方场区空间内妨碍进攻队员击球，应判过网拦网犯规。

（5）拦网动作与击球动作的区别：

过网拦网时允许手腕下压、变线。拦网时不允许有挥臂动作（手臂有明显的前后位移），否则将视为击球动作。

（八）击球的性质

（1）同队的两名（或三名）队员同时触到球时，被记为两次（或三次）击球（拦网除外）。如果只有其中一名队员触球，则只记一次。队员之间的碰撞不算犯规。

（2）两名不同队的队员在网上同时触球，比赛继续进行，获球一方可再次击球三次。如果该球落在某方场区之外，判对方击球出界。

（3）击球时（包括第一、二、三次击球），允许身体不同部位在一个动作中连续触球。不是一个动作的连续触球就是“连击”犯规。

（4）球必须被击出，不可接住或抛出。球在触球部位上的停留时间过长就是“持球”犯规。

（九）球网附近的球和队员

（1）球的整体必须通过球网上空的过网区进入对方场区。过网区是球网垂直面，其范围：

上至天花板、下至球网上沿、两侧至标志杆及其延长线。

案例 12：某队第一次击球，球从标志杆外进入对方无障碍区，本队队员快速跑过去将球从本侧标志杆外击回本方场地，同伴队员第三次击球过网。如何处理？

处理方法：规则规定“球的整体越过中线的延长线”是界外球。当球的整体从非过网区进入对方场区空间或无障碍空间时就可判定“界外”。

（2）在不妨碍对方比赛的情况下，允许队员在网下穿越进入对方空间。但必须在本方场区和本方无障碍区空间击球。

案例 13：球的整体即将从网下进入对方场区空间时，队员在网下将球击回。应如何处理？

处理方法：裁判员认定击球点没有在对方场区空间就是合法击球；认定击球点在对方场区空间就等同于“过网击球”犯规。

案例 14：拦网队员跳起后脚在空中进入对方场区空间，当快速将球拦下时正好碰在本人的脚上再落地。裁判员判拦网队员干扰比赛犯规。

处理方法：如果网下没有对方队员准备击球时，应判拦网得分。因为即使没有碰到拦网队员的脚也会直接落地，并没有干扰比赛；如果网下有对方队员准备击球时，就是干扰比赛犯规；如果进入对方场区空间的脚碰到对方队员身体，同样是干扰比赛犯规。等同于“网下穿越”犯规（手指中线）。

（3）队员的一只（两只）脚部分越过中线触及对方场区的同时，其余部分接触中线或置于中线上空是允许的，不判为犯规。队员除脚以外，身体任何其他部位触及对方场区为“过中线”犯规，包括整只脚完全踏及对方场区。

案例 15：A 队进攻队员扣球后身体前冲，脚落在中线上，B 队拦网队员下落时脚踩在 A 队进攻队员脚上，导致拦网队员脚踝受伤。应如何处理？

处理方法：① 扣球直接落地，裁判员判 A 队得分。及时处理受伤队员（根据伤情确定离场换人或是短暂恢复即刻投入比赛）；② 比赛没有成死球，裁判员立刻终止比赛，及时处理受伤队员（同上）；③ 进攻队员脚踏在中线上并没有“过中线”犯规，拦网队员踩脚受伤只是意外，不能判进攻队员犯规；④ 如果队员有意垫脚干扰比赛，造成对方队员受伤，就不是判过中线犯规的性质，而是不良行为的“侵犯行为”，直接取消其比赛资格。

（十）判断过网击球犯规的依据

判断过网击球犯规是以击球时的触球点是否在对方场区空间内为依据。

凡是击球点超过球网假设的垂直面的，在对方场区空间内击球，第一裁判员应判该球为过网击球犯规。

案例 16：过网拦网队员的手没有碰到球，但碰到对方队员的手（或头）都是过网击球犯规。

（十一）进攻性击球犯规

进攻性击球犯规应同时（缺一不可）具备三个条件：

（1）脚触及前场区及其延长区域（不论起跳与否）。

（2）击整体高于球网上沿的球。

（3）完成进攻性击球（没有向上的弧度）。

案例 17：A 队队员后排起跳时脚踏及进攻线，当扣球触及 B 队拦网队员的手时，拦网队员触网。裁判员判 A 队进攻性击球犯规（踩线）。

处理方法：裁判的判定错误。判定进攻性击球犯规一定要同时具备以上三个条件。踩线时并没有犯规，要完成进攻性击球（没有向上的弧度）后才是犯规。此案例中，球触及拦网队员的手时确实是进攻性击球犯规，但同时拦网队员触网犯规，所以是双方同时犯规，应判“公球”，此球重新开始。

（十二）触网

（1）队员触网即犯规，比赛过程中在任何情况下都不得触网。

（2）队员击球后可以触及网柱、全网长以外的网绳或其他任何物体，但不得干扰比赛。

（3）由于球被击入球网而造成球网触及队员，不算犯规。队员辫子触网不算犯规（除非使球网变形），但球打在辫子上出界算“打手出界”。

案例 18：A 队拦网队员很干脆地将球拦死，但二裁判定拦网触网。A 队场上队长向一裁示意是球先落地再触网，应是本方拦网得分。裁判员应如何处理？

处理方法：起跳时的触网肯定是触网犯规在先。直接拦死的情况原则上触及球网上沿的触网先于球落地，落下时触及球网下部的触网应在球落地之后。二裁负责球网和中线，视线不会跟球，所以只要有触网就应第一时间鸣哨。一裁应根据自己的判断（或询问二裁触网情况）做出最终判定。

六、第六部分　比赛间断和延误比赛

（一）正常的比赛间断

（1）正常的比赛间断有“暂停”和“换人”。

（2）每局比赛中，每队最多请求两次暂停（30 秒）和 5 人次换人，所换队员不受位置限制。

（3）在比赛死球时，裁判员鸣哨发球前，教练员或场上队长用正式手势，请求换人或暂停。

（4）一次或两次暂停与双方的各一次换人相连续，中间无须经过完整的比赛过程（造成得失分）。

（5）同一队未经过完整的比赛过程不得连续提出换人请求。但在同一次换人请求中可以替换 1 人或多人。

案例 19：同一比赛间断时，按以下顺序连续出现 5 次双方的请求：① A 队请求暂停；② B 队请求暂停；③ B 队请求换人；④ A 队请求换人；⑤ B 队请求暂停。是否合理？

处理方法：合理。没有违背上述 4、5 条规则的规定。

（6）特殊替换：某一队员受伤或生病不能继续比赛时，必须进行合法的换人。如果不能进行合法的换人时，可采用特殊换人。特殊换人时，场外的任何队员，都可以替换受伤队员，但受伤队员不可在本场比赛中再次上场比赛。

（7）某一队员受伤或生病不能继续比赛时，如该队出现既不能进行正常替换又不能进行特殊替换的情况时（如只有 5 名队员），给予该队员 5 分钟恢复时间，如 5 分钟仍不能恢复，则按阵容不完整处理。每场比赛同一名队员只有一次 5 分钟恢复时间。

（二）不符合规定的请求

（1）下列情况为不符合规定的请求。

① 在比赛进行中或裁判员鸣哨发球的同时或之后提出请求。

案例 20：裁判员鸣哨发球的同时，A 队请求暂停，二裁给与拒绝的同时，B 队发球队员随即将球发出，此时 A 队队员误以为本队暂停都准备退出场区，球直接落在 A 队场区内。裁判员判 B 队发球得分。

处理方法：两种情况。一是二裁及时拒绝，没有影响比赛，双方队员投入比赛。按第 2 条规则执行，这个回合成死球后二裁及时通知记录员划“×”；二是出现本案例的情况时，一裁必须及时鸣哨中断比赛，双方运动员做好准备后重新鸣哨发球，避免出现不必要的争执。但由于 A 队的不符合规定的请求造成比赛中断（造成延误比赛的事实），则应按延误比赛的类型处理。

② 无请求权的成员提出请求。

解读：除教练员和场上队长之外的球队成员提出请求。

③ 同一队未经过完整的比赛过程再次请求换人。

解读：某队换人发球，裁判在发球后判“公球”（双方犯规或外因干扰），没有造成得失分就不是完整的比赛过程，重新发球前该队不能再次提出换人请求。

④ 超过所规定正常间断次数的请求。

解读：请求第三次暂停或第六次换人。

（2）在比赛中第一次没有影响和延误比赛的不符合规定的请求应予拒绝而不进行判罚，并在记录表的不符合规定请求栏里划“×”（A 或 B）。

（三）延误比赛的类型

（1）一个队拖延比赛继续进行的不正当行动为延误比赛。包括以下行为：

① 换人延误时间。

解读：上场队员必须做好换人准备。换好服装、拿好换人牌、进入换人区。

② 在裁判员鸣哨恢复比赛后，拖延暂停时间。

解读：裁判员鸣哨暂停结束后，运动队经再次劝导，迟迟未进入场区。

③ 请求不合法的替换。

解读：拿错换人牌（上场本人或不在场上队员的号码牌）。

④ 再次提出不符合规定的请求。

案例 21：某队提出第五次暂停应如何处理？

处理方法：某队请求前两次暂停合法，请求第三次暂停拒绝（不符合规定的请求划“×”），请求第四次暂停（再次提出不符合规定的请求）给与“延误警告”（黄牌、不罚分），请求第五次暂停（第二次出现延误比赛）给与“延误判罚”（红牌、对方得 1 分并由对方发球）。再之后的延误比赛，继续按“延误判罚”处理。

⑤ 球队成员拖延比赛的继续进行。

解读：队员请求系鞋带或请求擦地（没有汗迹的打乱节奏的无理请求）或上述的案例 19 等。

（2）在一场比赛中，对一个队的成员的第一次延误比赛，给与“延误警告”（单手黄牌置于手表上面对被判罚的队）。

（3）在一场比赛中，同一队的任何成员造成任何类型的第二次以及其后的延误比赛，都给与“延误判罚”（单手红牌置于手表上面对被判罚的队），对方得 1 分，并由对方发球。

（4）局前和局间的延误比赛判罚记在下一局中。所有的延误判罚都要记录在记录表的判罚栏中。

（5）延误判罚针对全队。即使是个人行为，也算做全队的延误比赛行为。

（四）暂停和换人

1. 教练员在请求换人、暂停时应注意的问题

（1）应明确本队在该局比赛中已使用的正常间断次数，如不明确可通过场上队长询问二裁或记录员。

（2）请求必须在比赛成死球、裁判员鸣哨允许发球前按蜂鸣器或用语言提醒裁判员，然后用法定的手势表示请求换人或暂停。

（3）如果是请求换人，必须在请求前让上场的队员在换人区内做好一切准备；如需二人次以上的换人，则必须在用法定手势请求换人后立即用手势表明所换的人次。

案例 22：某队请求两人次换人，换人进行时提出只换 1 人。裁判员允许其请求。这样处理正确吗？

处理方法：请求多人次换人时，教练员临时决定减少人数，只要没有拖延换人时间是允许的，没有其他判罚。但请求 1 人次换人时，比赛中断进行换人时，临时取消换人请求是属于延误比赛的行为，允许不换人，但必须按延误比赛判罚。

（4）如果请求暂停，在得到裁判员的允许后，则让队员到靠近球队席附近的无障碍区进行指导，暂停结束后应配合裁判员尽快恢复比赛。

2. 运动员在换人过程中的要求

（1）准备上场的运动员在教练员提出请求前，应做好上场前的准备，如：比赛服装要与场上队员保持一致，准备好被替换下场队员的号码牌等。

（2）在裁判员鸣哨同意换人时，准备上场的队员必须举着号码牌迅速站在换人区边线与进攻线的交接处（背对记录员，便于登记），号码牌上所示号码的队员应迅速站到替换他的队员面前，在第二裁判员给予准许替换手势后，下场的队员接过号码牌离开比赛场地，上场队员进场准备比赛。

（3）多人次替换时，按以上程序依次进行。二裁必须同记录员配合好严格控制“依次”，确保记录准确无误。

（4）双方同时提出换人请求时，二裁确定先行一方的换人，换人完毕后再次按响蜂鸣器或鸣哨进行另一方的换人，并与记录员配合好。

（五）局间休息时间的使用

第一局结束后局间休息时间为 2 分钟，决胜局前局间休息 3 分钟。

记录员应在上一局最后一个球成死球、裁判员鸣哨后开始计时，到 1 分 30 秒或 2 分 30 秒（决胜局）鸣哨或按蜂鸣器恢复比赛。这个时间用于双方交换场区（教练员此时须递交位

置表）和球队席；教练员可按填写的位置表布置和调整上场阵容；记录员登记上场阵容；在不影响裁判工作的情况下，可进行场外指导；队员可以在本场区的无障碍区做有球的准备活动。

（六）意外的间断

当出现气候发生急剧变化（如：暴雨、刮大风、冰雹）、停电、雨天室内比赛场地漏水等意外情况时可以中断比赛。出现这些情况时必须在第一时间记录下中断时间、场上比分和场上阵容，并将情况说明在赛后记录到记录表的备注栏。第一裁判员、比赛组织者和管委员会成员应采取措施使比赛恢复正常，恢复比赛时按以下办法执行：

（1）一次或数次间断累计不超过 2 小时：

① 如果比赛仍在原场地进行，间断的一局应保持原比分、原队员（判罚出场和取消比赛资格者除外）和原场上位置，已结束的各局保留比分。

② 如果比赛改在另外场地进行，则间断的一局应取消，但保持该局开始时的阵容（判罚出场和取消比赛资格者除外）重新比赛，已登记的所有警告和处罚有效，已结束的各局比分保留。

案例 23：第二局（A 队首先发球）比赛中，A 队首发二号位队员 6 号在 12∶9 时被判罚出场，由 7 号替换；B 队 9 号队员 4∶8 时被黄牌警告、B 队 5∶13 时被延误判罚（失 1 分）。在比分到 A 队 20∶11 时附馆严重漏雨，比赛中断，只能改到主馆进行。应如何处理？

处理方法：a. 第一局比分保留；b. 第二局重新开始（A 队首先发球），比分为 A 队 1∶0，由 A 队二号位队员（7 号）发球；c. 第二局的首发阵容 B 队不变，A 队 7 号替换 6 号（6 号本局不能上场）并算做一次正常换人（1∶0）；d. 启用备用记录表，将所有的处罚记录在案（比分都是 0∶0，A 队的第 1 分画圈），情况说明如实记录在备用记录表的备注栏里，同时原始记录表保留。

（2）一次或数次间断时间累计超过 2 小时，则全场比赛重新开始。

七、第七部分　不良行为

（一）轻微的不良行为

对轻微的不良行为不进行处罚，但第一裁判员有责任防止运动队出现接近被处罚程度的行为。包括不文明的口头禅（或“下去”“发我”等）、球队成员干扰对方击球、对对方做“挑衅”的手势或形态等。这里使用两种形式：

（1）通过场上队长进行口头警告。

（2）向相关队的成员出示黄牌，虽然没有处罚，但要登记在记录表上，警告该队其行为已经接近被处罚的程度。

解读：① 口头警告和出示黄牌虽然是对个人提出，但针对全队。② 程序上是先口头警告（全场只有一次。不是每个人出现都要警告一次），再次出现（不管是不是前面口头警告的队员）直接出示黄牌（针对个人）。③ 每个队整场比赛只能出示一次黄牌，再次出现轻微的不良行为（任何成员）就要针对个人进行“给予判罚的不良行为”处理。

（二）给予判罚的不良行为

队伍的成员对裁判员、对方、同伴或观众的不良行为，按程度分为 3 类。

（1）粗鲁行为：违背道德准则或文明举止。

实施：单手红牌，对方得一分并发球。

（2）冒犯行为：诽谤或侮辱的言语或形态，或有任何轻蔑的表示。

实施：单手同持红黄牌，不罚分，判罚出场，取消该局比赛资格。被判罚的球队成员必须坐在本队球队席上。如果被判罚的是教练员，则失去该局的指挥权利。

（3）侵犯行为：人身攻击、侵犯或威吓行为。

实施：双手分持红黄牌，不罚分，取消该场比赛资格，离开比赛控制区。

（三）不良行为的判罚规定

（1）对不良行为的判罚是针对比赛队成员的个人行为的，此判罚在整场比赛中有效，并记录在记录表上。

（2）如果同一人在同一场比赛中重犯不良行为时，按判罚等级表加一级判罚。

（3）对冒犯行为和侵犯行为的判罚出场或取消比赛资格，无须先一次的判罚。

（4）任何局前或局间发生的不良行为，按规则进行判罚并记录在下一局中。

（5）场上队员被取消该局或该场比赛资格，必须立即进行合法的替换，不得继续参加该场的比赛。如果不能进行合法替换，则宣布该队“阵容不完整”。

案例 24：A 队扣球得分 9∶8 领先，首发五号位 4 号队员准备发球时，B 队 6 号队员因“粗鲁行为”失 1 分（A 队 10∶8），判罚处理结束后，裁判员鸣哨 A 队 4 号队员继续发球。这样处理正确吗？

处理方法：裁判员处理错误。根据气排球发球轮转的特性（每 1 分都是特定的场上位置。如 2、7、12、17 分时一定是首发三号位队员发球），只要本方得 1 分（包括判罚得分）都要轮转一个位置（不管比分相应位置的队员是否发过球），否则场上位置就会对应不上比分。应由 A 队首发一号位队员发球。

案例 25：第一局 A 队 2 号队员出现“粗鲁行为”被判罚 1 分，第二局 A 队 8 号队员出现“轻微不良行为”时应如何处理？

处理方法：只要 A 队之前没有出现过轻微不良行为，都应按“轻微的不良行为”程序处理。此案例中 A 队 8 号队员是直接因“粗鲁行为”被判罚（不是轻微不良行为的升级），所以该队其他队员出现第一次轻微的不良行为时还是要走“轻微的不良行为”处理程序，但如果是 A 队 2 号队员之后出现“轻微的不良行为”时则要按“冒犯行为”判罚出场（加一级判罚）。

（四）不良行为的判罚程序

对不良行为只有第一裁判员可以判罚，其他裁判无此权力，但发现不良行为时可向第一裁判员报告。判罚程序如下：

（1）在比赛成死球时，第一裁判员鸣哨。

（2）召唤被罚运动员靠近裁判台。

（3）以简明的语言说明并出示适宜的红、黄牌，用手掌指向被判罚成员。

（4）第二裁判员检查记录员在记分表上的记录。

（5）如果记录员或第二裁判员发现第一裁判员未按判罚等级的规定执行，应由第二裁判员通知第一裁判员，以便纠正其之前的决定。

（6）如果第一裁判员不接受第二裁判员的提示，记录员必须在备注栏里注明。

（7）场下成员出现不良行为时，第一裁判员应召集场上队长说明原因并转告被罚人员，等被罚人员站起来举手时，出示适宜的红黄牌。

（8）局间的不良行为判罚应记录在下一局。

（五）比赛参加者的行为要求

比赛参加者的行为必须符合“体育道德”和“公正竞赛”的精神，具体表现在：

（1）了解并遵守正式气排球规则。

（2）以良好的体育道德作风服从裁判员的判定，不允许进行争辩。如有疑问，可以并只能通过场上队长提请解释（经解释后仍要纠缠则按延误比赛处理）。

（3）参加者不得有任何其目的在于影响裁判员的判断或掩盖本队犯规的动作和行为表现。

（4）参赛者的行为必须符合“公正竞赛”的精神，对裁判员、工作人员、对方队员、同队队员以及观众都要尊重、有礼貌。

（5）比赛期间队的成员之间的正常交流是允许的。

八、第八部分　裁判方法

（一）比赛三球制的捡球方法

（1）记录台左侧远端为一号捡球员，记录台左侧近端为二号捡球员，记录台前面为三号捡球员，记录台右侧近端四号捡球员，记录台右侧远端为五号捡球员，裁判台后面为六号捡球员。比赛开始前，第二裁判员及第二、第五捡球员各持一球。

（2）第一和第三局比赛开始时，均由第二裁判员将球递给发球队员。另外的发球应由第二或第五捡球员将球递给发球队员。

（3）每当死球时，如球在场内，应由离球最近的队员将球从就近的界线处滚出场外，不能向对方场区滚球或扔球，否则应予劝告；如球在场外，应由就近的捡球员将球迅速捡回（不得将球停留在手中）并传给第二或第五捡球员。球的传递必须从场外沿地面滚动进行（经第一裁判员后面），不得掷、抛，严防将球滚入场内。

（4）决胜局比赛开始前，捡球员应递给第二裁判员一个球。

（二）排球比赛的附属设施

球队席的长凳、记录台、裁判台、网柱、球网、标志杆、标志带、司线旗（红色，40 cm×40 cm）、丈量尺、气压表、打气筒、记分牌、换人牌、四个拖把（1 m 宽）、蜂鸣器、马札、毛巾（40 cm×40 cm 或 40 cm×80 cm）、备用球网（备用标志杆、备用标志带）、秒表、红黄牌、挑边器等。

（三）裁判员职责

1. 裁判员组成

一场比赛的裁判员由第一裁判员、第二裁判员以及两名司线员，一至两名记录员组成。

2. 工作程序

裁判员鸣哨中止比赛后，应立即以法定手势表明：

（1）第一裁判员鸣哨中止比赛，他应指出：
① 得分的队。
② 犯规的性质。
③ 犯规的队员（必要时）。
第二裁判员不用跟做手势，但必须落位在失分方。
（2）第二裁判员鸣哨中止比赛，他应指出：
① 犯规的性质。
② 犯规的队员（必要时）。
③ 跟随第一裁判员指出得分的队。
第一裁判员不用出示犯规性质和指出犯规队员，只指出得分的队。
（3）如果是双方犯规，他们都要按顺序指出：
① 犯规的性质。
② 犯规的队员（必要时）。
③ 应发球的队。

3. 第一裁判员

（1）位置：第一裁判员站在球网一端的裁判台上执行其职责，他的水平视线必须高出球网上沿 50 cm。

（2）权力。

① 他自始至终领导该场比赛，对所有裁判员和球队成员行使权力。比赛中，他的判定为最终判定，如果发现其他裁判员的错误，他有权改判。他甚至于可撤换不称职的裁判员。

② 他有权决定涉及比赛的一切问题，包括规则中没有规定的问题。

③ 他不允许对其判定进行任何讨论。但当场上队长提出请求时，他应对判定所依据的规则和规则的执行给予解释。如果场上队长表示不同意他的解释，并立即声明保留比赛结束后将抗议写在记分表上的权力时，他必须准许。

④ 向球队提出警告。
⑤ 对不良行为和延误比赛进行判罚。
⑥ 判定。
a. 发球犯规和发球队位置错误，包括发球掩护。
b. 比赛击球犯规。
c. 高于球网和球网上部的犯规。
d. 进攻性击球犯规。
e. 过网拦网犯规。
f. 球的整体从网下空间穿越。
g. 后排队员完成拦网。
h. 穿越中线进入对方场区犯规。

（3）赛后同其他裁判员一起回到记录台前，并检查记录表和签字。

4. 第二裁判员

（1）位置：第二裁判员站在第一裁判员对面，比赛场区外的网柱附近，面向第一裁判员执行其职责。

（2）权力：

① 第二裁判员是第一裁判员的助手，但他也有自己的权限。当第一裁判员不能继续工作时，代替第一裁判员执行工作。

② 可以用手势指出他权限以外的犯规，但不得鸣哨，也不得对第一裁判员坚持自己的判断。

③ 掌管记录台的工作。

④ 监督球队席上的球队成员，并将他们的不良行为报告给第一裁判员。

⑤ 允许比赛暂停和换人的请求，掌握间断时间和拒绝不符合规定的请求。

⑥ 掌握各队暂停和换人的次数，并将第二次暂停和第四人次或第五人次的换人告诉第一裁判员和有关教练员。

⑦ 发现队员受伤，他允许其进行特殊换人，或给予 5 分钟的恢复时间。

⑧ 检查比赛场地的条件，主要是前场区。比赛中他还要检查球是否符合比赛的要求。

⑨ 在每局开始、决胜局交换场区，以及在必要的时候，检查场上队员的实际位置是否与位置表相符。

⑩ 在比赛中，第二裁判员对以下犯规做出判断，鸣哨并做出手势：

a. 队员网下穿越进入对方场区和空间。

b. 接发球队位置错误。

c. 队员触及球网和第二裁判员一侧的标志杆。

d. 后排队员完成拦网。

e. 球触及场外物体。

f. 球的整体或部分从过网区以外过网（或标志杆上），飞入对方场区，或触及他一侧的标志杆。

g. 第一裁判员难以观察时，球触及地面。

（3）比赛结束后及时到裁判台集中，与其他裁判员一起从一裁一侧回到记录台前，并在记分表上签字。

案例 26：某队进攻队员扣球时脚踩进攻线，但一裁没有看到，二裁看到后给一裁提示手势，一裁也没有看到（“环视”配合严重失误），这时二裁鸣哨示意进攻性击球犯规。这样处理正确吗？

处理方法：二裁的判定错误。二裁可以鸣哨并做出手势的犯规是有明确规定的（如上）。进攻性击球犯规不在二裁职责内，是不能鸣哨的。二裁可以对其职责之外的犯规做出提示手势（如：二裁一侧的打手出界、进攻踩线、连击、四次、持球等），但不能鸣哨。如果一裁没有看到或认为二裁是错误的而没有采纳，二裁不能坚持自己的提示。此案例中如果扣球队员直接得分，对方场上队长提出“进攻踩线”时，一裁应按程序召唤二裁询问情况，经过确认后改判为进攻性击球犯规。

5. 司线员

（1）位置：两名司线员，其位置站在两名裁判员右侧场区角端，距场角 0.5 ~ 1 m 处，各自负责其一侧的端线和边线。

（2）职责：“加强预判、抢好角度、看线等球、出旗果断”（简称“十六字诀”）。

① 加强预判：球准备通过球网时，先确定球的飞行路线是边线还是端线，再确定是否打手、是否触标志杆或标志杆内外飞过。

② 抢好角度：降低重心，重心移至身体面对球落地的边线或端线，主视线“由内向外”。

③ 看线等球：视线先移至线上等球落地，以球的落地点（球触及地面的部分而不是球的投影）确定“界内外”。

④ 出旗果断：迅速提重心成立正姿势、身体面对球的落点这条线果断出旗（大臂带动小臂甩旗并到位制动）。以准为主，不要盲目图快（弓步或马步时就出旗），而是在提重心的过程有短暂的准备期。

⑤ 每球一旗：每个落地球都要出旗（不管是线附近还是场区中间；落在场地中央的球由本场区的司线员出旗）。

⑥ 两种情况下不出旗：一是发球不过网；二是球从网下穿越。

⑦“界外”和“打手出界”旗示：不管球从过网区还是非过网区飞出（或落在界外），本方队员触球后（无论是拦网还是击球）球飞到本方无障碍区（或落在界外）示意“打手出界”；本方队员触球后球飞到对方无障碍区（或落在界外）示意“界外”。对于网上和后排的轻微“打手”，如果不能100%的确定（不能感觉和疑似，要眼见为实），就示意“界外”。

⑧“角球”的配合：球落在两名司线员的两个远端场角1 m范围内的球为“角球”。配合原则：

a. 两人同时（或稍有先后）出旗，决不能出现“反旗”（一个界内、一个界外）。案例27：如果出现“反旗”，也要按“界外”处理。因为只要有一名司线员看到界外就是“界外”。球落在边线附近界外时负责看端线的司线员看到的是界内，反之亦然。

b. 谁先看到界外谁先出旗，看到界内的司线员不要急于出旗，对视后再跟旗。

c. 都没有看到界外时，两人迅速对视后同时出“界内”。

⑨ 每次出旗时都要有短暂的展示并主动与一裁对视，做到及时沟通：

a. 获得信任和鼓励。

b. 出现与一裁判断不一致时不要坚持并及时改旗。

c. 由于视线被遮挡或躲避时没有及时看清时，在一裁判断后要及时补旗。

d. 遇到有争议或关键球时，在一裁召唤后相互沟通确认，回到位置后在一裁鸣哨做出手势的同时出相应的旗示。

（3）比赛结束后及时到裁判台集中，同其他裁判员一起回到记录台前。

6. 记录员

（1）赛前和每局前。

① 按照规定程序登记有关比赛和比赛队的情况，包括队员的姓名、号码，并获得双方队长和教练员的签字。

② 仔细核对大名单后根据位置表登记各队的开始阵容，并在每局开始前配合二裁核对开始阵容。

（2）赛中。

① 记录得分并根据比分核对相应位置。

② 掌握各队的发球次序，在球队询问发球次序时，及时、准确地告知发球队或发球队员

（大声报出号码，不要用手比划）。发现发球次序错误应在发球时立即通知裁判员。

案例 28：决胜局 A 队 9∶8 领先时，7 号队员（首发Ⅴ号位）准备发球时，B 队因被延误判罚失 1 分（比分为 A 队 10∶8），裁判员鸣哨允许发球后，7 号发球得分（11∶8），此时 A 队 5 号队员（首发Ⅰ号位）轮转准备发球时，询问记录台应该几号发球，记录台回答是 3 号队员发球（首发Ⅱ号位）。B 队提出 A 队发球次序错误。裁判员应如何处理？

处理方法：气排球规则规定，只要得 1 分就要轮转发球（包括判罚得分），因此比分都是对应首发相应的位置（如 0、5、10、15、20 是首发Ⅰ号位队员发球；1、6、11、16 是首发Ⅱ号位队员发球，依次类推）。此案例在确定 A 队 10∶8 时是 7 号发的球（记录台的错误是没有及时发现），在 7 号发球时就是发球次序错误（应是 5 号发球），A 队失 1 分，同时发球次序错误时所得的分数取消（比分 B 队 9∶10），由 B 队首发Ⅴ号位队员发球同时纠正 A 队场上位置。

③ 掌握并登记暂停和换人次数，对违背规则的间断请求及时告知第二裁判员。

④ 记录各种判罚和不符合规定的请求，并将不合理的判罚告知裁判员。

⑤ 在第二裁判员指导下登记其他事件，如特殊换人、恢复时间，被拖延的间断，外因造成的间断等。

（3）赛后。

① 登记比赛最终结果，裁判员必须仔细检查。

② 如果有提出抗议的情况并得到第一裁判员同意，允许队长将有关抗议的内容写在记分表上。

③ 在记分表上签字后，取得双方队长和裁判员签字。

（四）第一、第二裁判员的赛前工作程序

第一裁判员：

（1）开好赛前准备会。检查场地、器材是否符合规则规定。如：地面、无障碍区、界线、裁判台、球网的高度与松紧度等是否符合规则的要求等。

（2）检查比赛用球。主要检查其牌号、气压是否标准，由第二裁判员负责管理。

（3）如赛区初次办比赛，应向捡球员和擦地板人员交代任务，明确工作方法，严防球滚入场内。

（4）确定双方登记在记录表上的参赛队成员人数是否与《Ⅰ号公告》相符。

（5）检查球队成员人数（未到人员经确认后在记录表上划掉，本场比赛不能再进入大名单）、服装颜色（如果双方出现相同的颜色，与竞赛日程不符的队必须更换，并在规定时间内参加比赛，否则按“弃权”处理）、式样、号码（如果基层比赛只有一块号码布则要保证胸前必须佩戴；队长胸前号码下必须有队长标志）是否符合规则和规程的规定。

（6）主持赛前仪式。召集双方队长抽签，确定首先发球的队和场区（决胜局重新抽签）。

（7）掌握准备活动时间。

（8）与第二裁判员一起报告临场技术官员，请求比赛开始。

（9）主持比赛的入场仪式和赛后组织场上队员退场。

（10）如遇特殊情况使比赛不能正常进行时，应与比赛组织者、组委会成员共同研究决定、采取措施。

第二裁判员：

（1）随第一裁判员检查场地、器材设备、比赛用球的同时，还要着重检查的有：球队席、换人牌、蜂鸣器、量尺等。并保管好比赛用球。

（2）向捡球员和擦地员交代任务，明确工作方法。

（3）赛前各局间向教练员索取位置表，检查后交给记录员登记，记录员登记后应保管好位置表（按相应场区分装在两个裤袋）。

（4）检查上场队员的服装、号码和场上队长标志。

（5）与第一裁判员一起报告技术代表，请求比赛开始。

（6）参加比赛入场仪式。

（7）核对上场队员位置是否与位置表相一致，检查后与记录员取得联系并向第一裁判员示意。

（8）给二号和五号捡球员各一球，把另一个比赛用球从地上滚动给发球队员。

（9）站在第一裁判员的对面、网柱附近，执行临场裁判工作任务。

（五）裁判员之间的配合

裁判工作需要团队的精诚合作（只有优秀的团队，没有“英雄”的个人）。各司其职，团结一致，相互配合，正确对待分工的不同，达到思想上的统一认识，行动上统一步调，共同努力，才能争取到比赛的流畅、圆满。

1. 在配合上应主要注意的几点

（1）开好赛前准备会。

① 精诚团结、各尽其职、相互配合（眼神、手势、肢体、召唤）、准确为主。每个裁判员都要按照“公正、准确、规范、责任”的精神要求自己，认真做好本职工作。

② 记录台：赛前认真核对确认名单，填写位置表时同样要先核对位置表上的队员是否都在大名单里（这是非常重要的！），避免局中再发现时因“取消得分”而造成重大失误；比分和发球轮次是重点（记录台出错就会出乱）；间断时与二裁主动配合好；出现发球轮次错误时用最短时间确认自己是否错误，再及时中断比赛（发球队员击球时）；赛后仔细做好统计和备注栏填写工作并取得双方队长和裁判员的签字。

③ 二裁只管盯住球网（包括标志杆）和中线的犯规，视线千万不能跟球（不管球是否在界内外）；职责以外的犯规应大胆提示（二裁一侧的打手出界、踩进攻线、持球、连击、四次等），但一裁没有看到或采纳时不能坚持；掌握比赛间断并与记录台主动配合；及时确定场上队长，将第二次暂停和第 4、5 次换人告之教练员；出现轮次错误或延误、判罚时及时确认和沟通。

④ 司线员对线上球的判断遵照十六字诀；自己负责的两条线要准确果断出旗，没有 100% 把握决不改旗，除非分神或躲球没有看到时在一裁给出判断后及时补旗；网上的打手 100%确定就出“打手出界”，不能确定或疑似（必须眼见为实）的就出“界外”；后场的打手和落地球及时出旗，没有看清的在一裁做出判定后及时补旗；触及标志杆和标志杆以外球网部分或场外物体或发球队员脚踩线时及时“摇旗”（以右手为例是“右—左—中”旗落位的同时另一只手食指指向标志杆或场外物体或发球线）；角上的球由两名司线员配合出旗（千万不能出反

旗和不出旗)。

⑤ 二裁强调：在间断时给足记录台时间，并在换人(尤其是多人次或双方同时换人)时配合好记录员；出现位置错误或发球次序错误时先共同确定记录员是否正确再进行纠正；协助记录员对延误比赛和不良行为的判罚做好记录并将不合理的判罚及时通知一裁；获得记录员准备完毕的手势后及时用手势通知一裁(不要打乱一裁的节奏)，如果一裁在没有获得二裁准备完毕的手势就鸣哨允许发球时，二裁必须立刻鸣哨“公球”，待给出手势后再开始比赛。

(2) 判断要准确、及时，鸣哨要果断。为避免第一、二裁判员的判断不同，及时鸣哨非常重要，尤其是对网上球的判断。

(3) 相互尊重，相互信任。当出现判断不一致时(第一裁判员)：

① 确定自己是正确的就坚持判定。

② 确定其他裁判的判定正确就改判。

③ 确定是双方同时犯规就判“公球”。

④ 当第一裁判员做出最后判断后，其他裁判员必须支持与服从第一裁判员的判定。

(4) 全面观察，主动配合。配合的关键在于第一裁判员，除主观掌握比赛情况外，应经常观察(环视)第二裁判员的手势和司线员的旗示，即使较明显的犯规也要每球都用眼神或手势相互交流。

(5) 第一裁判员与第二裁判员应经常保持与记录员的联系，赛前认真核对大名单和上场队员的位置，赛中的暂停、换人，对队员不良行为的处罚及其他特殊情况，均应观察、照顾记录台工作。

2. 第一、二裁判员之间的配合

第一、二裁判员到达比赛场地后，应共同检查场地、器材和设备是否符合要求，必要时要主动与场地负责人联系。赛前由第一裁判员和第二裁判员共同主持抽签(两名裁判员都站在记录台对面一边，方便记录员也能看到挑边结果)和入场仪式。运动员进场站好位置后，核对双方场上队员的位置，校对位置主要由二裁负责。核对完毕之后，二裁向一裁举双手示意，一裁鸣哨允许发球，比赛开始。

在比赛中，第一裁判员重点判断发球犯规、发球方位置错误、进攻方触网和本侧标志杆附近的犯规，包括手上、网上、线上的犯规；第二裁判员则重点判断接发球方位置错误、拦网方触网、球网下沿、过中线和本侧标志杆附近的犯规；触网和后排队员拦网犯规一、二裁看到了都可以鸣哨，但尽量不要重哨。暂停和换人工作主要由第二裁判员掌握(二裁没有及时鸣哨时一裁可以补哨)。

(1) 发球时的配合。

一裁：

鸣哨发球前，观察双方队员是否做好准备，发球队员是否站在发球区并持球在手，再鸣哨允许发球，鸣哨后主要观察发球一方，发球队员的发球是否符合规则要求，击球时有无位置错误，发球队员是否在 8 秒内把球发出，有无发球掩护。

二裁：

主要观察接发球一方队员位置情况，是否有位置错误或有队员站在场外(踩在线上合法，踏及线外为阵容不完整)，为了便于观察，可向接发球一方的进攻线移动，一般不超过进攻线。

（2）攻拦时的配合。

一裁：

一裁的视线“跟球”。主要观察进攻方和双方网口上沿的扣拦情况，身体稍偏向进攻方，视线要在网口短暂停留并随球移动，注意观察网口的犯规和球的落点。

二裁：

二裁的视线“盯网”。视线由下至上，再由上至下。先观察拦网一方是否有过中线和触网下沿犯规，再观察是否有网上沿触网、是否打手和触及标志杆，最后再观察双方落地后是否有网下沿触网和过中线犯规。二裁切记不能调头，否则势必会造成漏判。

（3）判断触手出界的配合。

判断球触手出界，主要是一裁和司线员的配合，二裁起协助作用，帮助一裁判断。

如果球在一裁一侧，二裁不必作出手势，除非看得十分清楚，一裁如询问时可作补充手势，如果球在二裁一侧，应主动协助判断，及时做出提示手势或迅速移位（没有看到打手就迅速移动到进攻方，不要做任何手势），供一裁判断时参考。

（4）暂停和换人的配合。

① 暂停：通常在比赛对本方不利或关键时刻使用，因此，一、二裁应注意观察，及时发现教练员的请求，以免贻误某方的战机。在成死球时，二裁向后撤步至记录台前，用余光观察两侧（不要总是盯着可能要暂停的一方）便能注意到教练员的动作。

教练员做出法定手势后允许某队的暂停请求，二裁要掌握暂停时间，（鸣哨、看表）观察双方暂停过程中有无不良行为，与记录员联系了解双方的暂停次数，在某队第二次暂停后，通知一裁和该队教练员，暂停 30 秒时间到鸣哨结束。

② 换人时的配合。

某队请求换人时，要观察换人次数，一裁应观察替补队员是否在换人区内（进攻线至中线之间），是否已经做好换人的一切准备，否则判该队延误比赛，不允许换人。

二裁换人时，站在网柱后（不要跑到进攻线和边线交叉处），面向换人队鸣哨并做出换人手势（双手胸前交叉），提示替换队员举示换人牌，以利于记录员登记，如果是 2 人次以上，要掌握好节奏，一人次一人次的替换，获取记录员合法换人信息（眼神）后双手在体前做出先打开再交叉的允许换人手势。

第一裁判员应给予充足的时间使其完成换人程序。如换人出现延误，第二裁判员应及时向第一裁判员做出提示，由第一裁判员进行判罚。当某队已暂停两次和换人达 4、5 人次时，应用手势通知第一裁判员和该队教练员。

不论是暂停或换人，都应在成死球后，一裁鸣哨发球之前提出，否则无效。因此，二裁在教练提出请求后，应注意一裁是否鸣哨发球，如已鸣哨，二裁不能同意教练请求，用手势拒绝。如二裁错误鸣哨，一裁应立即鸣哨拒绝请求并再次鸣哨允许发球，此球成死球后再处理“拒绝”程序。第二裁判员发现球触及同侧的标志杆或从标志杆外过网时，应及时鸣哨并落在犯规方做出手势。

当发现场上队员受伤不能继续比赛时，裁判员应及时鸣哨，由第二裁判员及时掌握伤情并及时换人，尽快恢复比赛。

3. 第一裁判员与记录员之间的配合

（1）比赛前，第一裁判员要将抽签的结果通知记录员。每局比赛开始前和换人时，第一裁判员应给记录员充分的时间登记、核对场上队员的位置和登记换人号码，记录员登记和核对完毕后，应向第二裁判员举双手示意，再由第二裁判员举双手通知第一裁判员。

（2）在比赛中，如发现比分、队员位置、发球次序、得分与换发球错误时，第一裁判员应给记录员充分的时间，以便查明情况，如第一裁判员给予某队不良行为的处罚和延误判罚时，第一裁判员应用手势清楚地表明情况，记录员进行准确的记录。

（3）在决胜局某队得 8 分交换场地时，记录员应及时通知裁判员双方交换场区。

4. 第一裁判员与司线员之间的配合

（1）对线上球的判断，一般情况下，第一裁判员应尊重司线员的判断，当球落在界线附近时，应先观察司线员的旗示，然后再做出最终判定，没有 100%确定是司线员错误时不要轻意改判（尤其关键球时更要慎重）。如司线员未看清楚时，不要急于做出旗示，待一裁做出判断后及时补旗。

（2）对触手出界的判断。网上的打手司线员一定要"眼见为实"，100%确定就示意"打手出界"，疑似或"感觉"就给"界外"，由一、二裁来判定。后场区球触手出界的判断，第一裁判员要尊重司线员的判断，司线员要及时做出准确的判断，并向第一裁判员做出示意。

（3）当球触及标志杆或从标志杆外及延长线上通过球网时，在第一裁判员要与距球的飞行轨迹最近的司线员配合。

（4）当发球队员踏及端线，或在发球区外起跳发球时，司线员应主动做出判断旗示，第一裁判员也应尊重司线员的判断。

（5）对于落地球的判断。司线员看清就及时出旗"界内"，一裁同时判球落地；司线员因角度问题没有看到，在一裁做出判定后补旗"界内"。

5. 第二裁判员与记录员之间的配合

（1）在每局比赛开始前，第二裁判员核对场上位置后，应看看记录员是否核对完毕，记录员核对完毕后，应举双手向第二裁判员示意。在暂停时，第二裁判员应向记录员了解双方暂停的次数。如是第二次暂停，记录员应通知第二裁判员。在换人时，第二裁判员应注视记录员，如是合法替换，记录员应用眼神向第二裁判员示意同意其换人。

（2）第二裁判员在换人区控制换人过程时，应给予记录员登记队员号码的时间。特别是在多人次换人时，要依次进行。记录员登记完毕后要举双手向第二裁判员示意。当记录员发现发球次序错误时，应在发球队员击球时，立即按响蜂鸣器或鸣哨中止比赛。第二裁判员要协助记录员查明情况，并准确进行纠正。当某队成员受到判罚或延误处罚时，第二裁判员要协助记录员进行准确的登记。

6. 第二裁判员与司线员之间的配合

对第二裁判员一侧球或身体触及标志杆，或从标志杆外及延长线上过网，或球触标志杆以外球网部分的犯规，应与司线员共同配合判断。

7. 司线员之间的配合

两名司线员各自负责一条边线和一条端线，当球落在远端场角附近时，应由两名司线员协同判断。为此应遵循以下原则：

（1）谁看到界外球谁先出旗，另一名司线员配合出旗。如两名司线员都未看到是界外球，说明是界内球，两人应彼此对视，然后同时做出界内球的旗示。

（2）按主线和辅线职责处理。如球的落点侧重在边线，则由负责边线的司线员主要判断，另一名司线员配合判断。

（六）暂停或换人时，第二裁判员的工作程序

裁判员同意比赛间断必须具备三个条件：

（1）必须是比赛成死球、第一裁判员鸣哨允许发球前。

（2）提出请求的人必须是教练或场上队长。

（3）有明确的法定手势表示。

第二裁判员在看见请求暂停的法定手势时：

（1）鸣哨并做出同意暂停的手势，随后看表计时，示意双方队员离开比赛场区到球队席前的无障碍区内接受指导。

（2）检查记录员的记录情况，必要时通知第一裁判员双方已使用的暂停次数。

（3）暂停结束时鸣哨恢复比赛，必要时（第二次）通知请求队已使用的暂停次数。

（4）注意双方有无延误比赛的行动。

第二裁判员在看见请求换人时：

（1）取好位置，站在网柱处，注视记录员。

（2）记录员无异议时，第二裁判员应立刻做允许换人手势让他们上下场。如进行二人次以上的换人，第二裁判员应配合记录员按上述方法一人次一人次地依次进行替换，必要时报告上下场队员的号码；如果场上队长被替换下场，应明确场上队长由谁担任。

（3）等记录员举双手示意后，通知教练员已使用的换人次数（第四或第五人次时），然后转身举双手向第一裁判员示意换人完毕，恢复比赛。

（4）注意换人时有无违规行为。如擅自离开比赛场区接受指导等。

（七）第一二裁判员网上球的判断

由于气排球运动技术水平飞速的发展和运动员的身体素质的提高，尤其是网上高度的提高，网上的争夺越来越激烈，网上的优劣是决定一场排球比赛胜负的重要因素，因此网上出现很多复杂，难以判断的球的情况也越来越多，裁判员能否及时、果断、准确地作出判定，是衡量和评价裁判员水平的一个重要方面。

1. 网上球的概念要清楚

网上球的判断在规则中关于球网附近的球、球网附近的队员、进攻性击球、拦网等都作了明确的规定，因此，必须认真熟读规则、正确理解规则、准确运用规则，要以规则作为裁判的依据。

2. 网上球判断的范围

（1）球网附近的球：球通过球网、球触球网、球入球网。

（2）球网附近的队员：越过球网、网下穿越、触网、队员在球网附近犯规。

（3）进攻性击球：定义、进攻性击球的限制、进攻性击球犯规。

（4）拦网：定义、拦网触球、进入对方空间拦网、拦网和球队的击球、拦发球、拦网犯规。

裁判员需要重点研究的网上球是指球在通过球网时所发生的双方网上争夺的复杂且难以判断的球。

3. 网上的判断要掌握好各种击球合理的尺度

一裁、二裁及司线员的配合要默契，网上争夺击球一瞬间，裁判员要具备正确辨别、分化及做出快速反应的能力并能熟悉各种案例，这将有助于裁判员判断的准确性，以减少错判、漏判现象的发生，下面介绍几种网上球的判断方法。

（1）判断“触手出界”。球在球网上空，双方进行扣拦争夺，经常出现以下情况：

① 球触及拦网手的两侧后，飞出界外。

② 球触及拦网手的上方后，飞出界外。

③ 球触及拦网手后又触及标志杆或先触及标志杆后再触及拦网手。

④ 球同时触拦网手和标志杆。

⑤ 靠一裁一侧的球触手、触杆、靠二裁一侧的球触手、触杆。

以上列举的网上扣拦会出现的几种情况，要靠一裁、二裁及司线员的密切配合，既有分工，又有协作，加强预判，做好取位，“看手等球”。了解双方技战术情况及个人进攻技巧也是十分重要的。

（2）进攻队员扣球，对方拦网，当球打在网钢上，也经常会出现以下情况：

① 球扣在网钢上反弹时触及对方拦网队员的手，进攻方仍可击球三次，比赛不能中断，应继续进行。

② 进攻一方第三次击球，球扣在网钢上，同时隔网触及对方拦网队员，弹回进攻一方场区时，应判落地球；如弹回触及进攻队员本人，应判“连击”；如弹回触及进攻方其他队员，应判“四次”。

③ 进攻一方第二次击球，球扣在网钢上，球未触及对方拦网队员的手，球反弹后，进攻手本人用自我保护动作将球击起，也应判“连击”犯规；若是同队另一队员将球击过球网，比赛则继续进行；如果同队另一队员，保护将球击起，进攻一方又组织进攻，应判进攻一方“四次击球”犯规。

（3）第一次击球球飞向过网时，双方队员跳起击球和拦网，会经常出现以下情况：

① 球的整体已进入对方空间，进攻方前排队员反拦网，与对方队员同时触及球，应判进攻方过网击球犯规。或进攻方队员将球捞回（触球点在对方空间），也是过网击球犯规。

② 球的整体在本文空间，本方前排队员用拦网动作将球向下击过网。这是拦本方的球，不能算作拦网，应判进攻性击球犯规。

③ 进攻方后排插上队员，起跳击球前发觉球已过网，此时对方前排队员拦网或吊球，如球触及插上队员的身体（有身体的一部分高于球网上沿），应判后排队员拦网犯规。

④ 进攻方队员跳起处理球时不慎触网，此时对方拦网拦出界外，第一裁判员应分清时间的先后，再进行判断，若触网在先，球落地在后时，应判触网犯规，反之，则判拦网出界，不能判“争球”。

⑤ 第一次击球球飞向过网且尚未过网时，进攻方有队员准备好击球时，拦网队员不允许过网拦网。视为“过网击球”犯规。

⑥ 二传在球未过网时传平行于球网（或向后）的球，对方拦网队员过网拦网触球应判“过网击球”犯规。但传出的球飞向过网，对方过网拦网是允许的。如果是第三次击球则允许过网拦网。

⑦ 球在球网正上方，双方队员同时触球，比赛继续进行。

（八）赛前仪式

15 分钟：运动员离场，第一裁判员和第二裁判员检查球网的高度、松紧度、标志杆和标志带的位置。

14 分钟：抽签。第一裁判员召集双方队长挑边，并把结果通知记录员。选边后，队长在记录表上签字。

13 分钟：正式的准备活动。第一裁判员鸣哨，并做出开始正式准备活动的手势。第一裁判员召集二裁、司线员、捡球员、擦地板人员提出工作要求。运动队着正式比赛服上网做准备活动，两队各自在自己的半场练习 10 分钟。

10 分钟：收取位置表。第二裁判员应把有教练员签名的位置表（2 张）认真核对后交给记录员（记录员认真核对确认名单）。其中 1 张交给技术代表。

3 分钟：结束正式准备活动。第一裁判员鸣哨终止准备活动，并与第二裁判员、司线员一起到技术代表前请示比赛是否开始。比赛队停止准备活动回到队员席。如果需要换衣服，应迅速到比赛场地外更换，所有比赛队员着正式比赛服装在本方进攻线后边线外按高矮顺序列队（队长站第一个）。

2 分钟：宣布比赛开始。运动队在裁判员带领下进入比赛场，和裁判员平行列横队站在场地中央，面向记录台。第一裁判员鸣哨（裁判员退到边线处），双方运动员握手致意，再向观众致意后，回到球队席。

1.5 分钟：介绍裁判员、双方运动员。裁判员从边线处走到场中央。被介绍完毕后（握手），第一裁判员蹬上裁判台，第二裁判员回到记录台前，司线员到记录台拿好司线旗从场地外走到各自位置。球队官员、所有队员站在球队席前，给裁判员掌声。当第一裁判员蹬上裁判台后，两名司线员站在各自场角的无障碍区外。介绍 5 名首发队员和主教练（先介绍 A 队后介绍 B 队）。介绍运动队伍完毕后，第二裁判员把 2 个比赛球交给捡球员，然后按位置表核对双方上场 5 名队员的位置。核对完毕后并看见记录员核对完毕后举双手示意，把比赛球给发球队员。二裁落位在接发球方举双手向一裁示意准备就序。司线员站在无障碍区距场角 0.5 ~ 1 m 的位置上。

0 分钟　第一裁判员看见一切准备就序后鸣哨发球。

思考题

1. 不良行为的判罚程序是什么？
2. 第一、第二裁判员的赛前工作程序是怎样的？

3. 简述15分钟赛前仪式操作流程。

4. 8个队进行小组单循环比赛，试用贝格尔编排法编排其比赛轮次和场数。

5. 在气排球比赛中，怎样理解规则“允许前排队员过网拦网”？

6. 画图并用文字说明标准气排球比赛场地的划法。

参考文献

[1] 李毅钧，顾伟农，等. 排球基础教程[M]. 北京：中国科学文化出版社，2003.

[2] 黄汉升. 球类运动——排球[M]. 北京：高等教育出版社，2015.

[3] 全国体育院校教材委员会. 排球运动[M]. 北京：人民体育出版社，1999.

[4] 林逸琦. 排球技术战术教学法[M]. 桂林：广西师范大学出版社，1988.

[5] 中国排球协会. 2017—2020 气排球竞赛规则[M]. 北京：人民体育出版社，2017.

附录　裁判员的法定手势和司线员旗示

附录一　裁判员手势

表明的性质	裁判员手势	表明的性质	裁判员手势
允许发球： 挥动手臂 指出发球方向	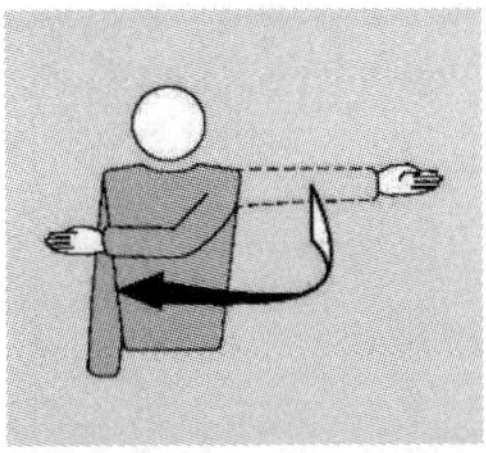	发球队： 平举与发球队 一侧手臂	
交换场地： 两臂屈肘 在身体前后绕旋	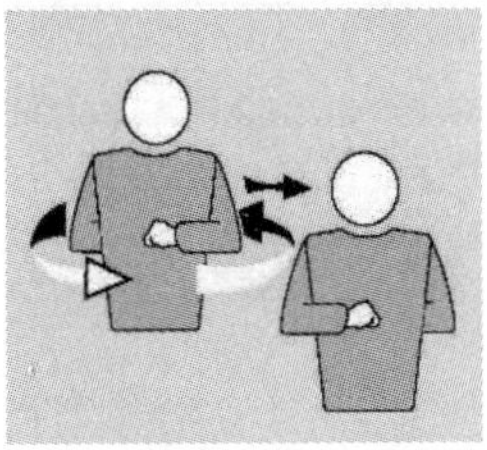	暂停： 一臂屈肘抬起，另一手手掌放在该手指尖上	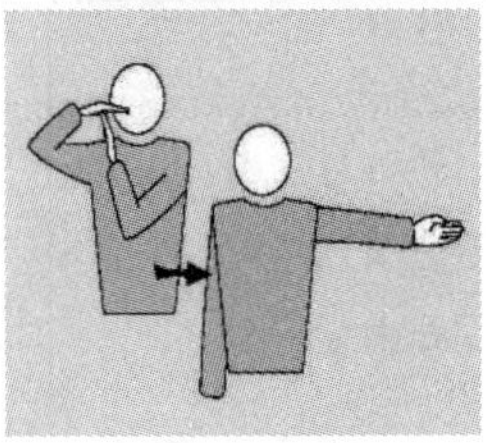
换人： 两臂屈肘在 胸前绕环		判罚： 一手持黄牌	
判罚出场： 一手持红牌		取消比赛资格： 一手持红、黄牌	
一局或全场： 比赛结束 两臂在胸前交叉		发球时未抛起： 一臂屈肘慢慢举起，掌心向上	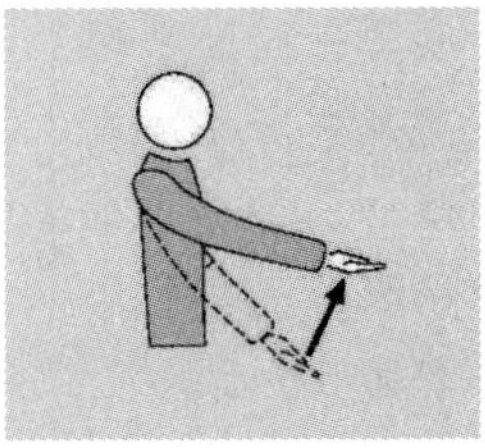

续表

表明的性质	裁判员手势	表明的性质	裁判员手势
发球延误： 举起八个手指并分开	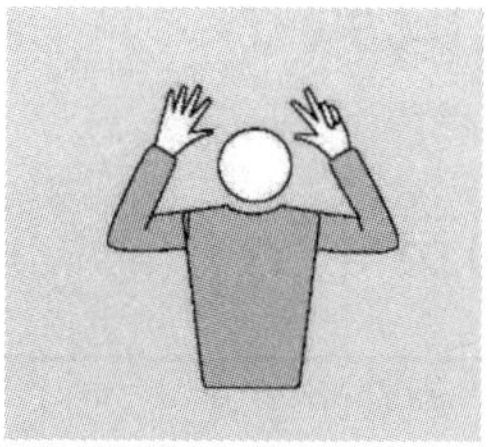	掩护或拦网犯规： 两臂上举， 掌心向前	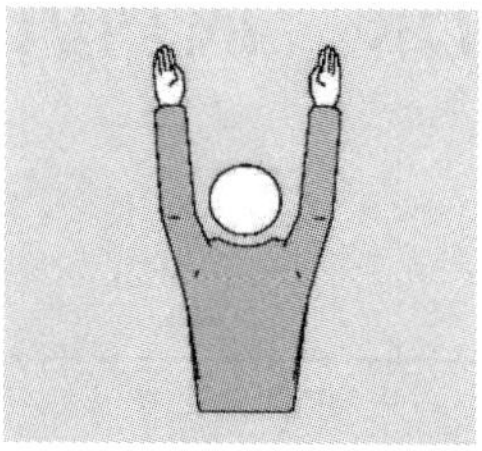
位置或轮转错误： 一手食指在体前绕环	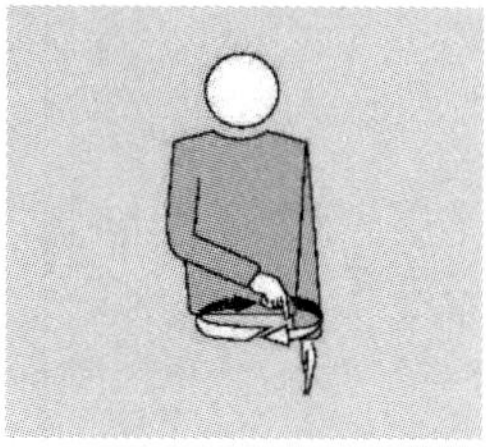	界内球： 整个手臂和手斜指向地面	
界外球： 两臂屈肘上举，掌心向后		持球： 一手前平举， 掌心向上	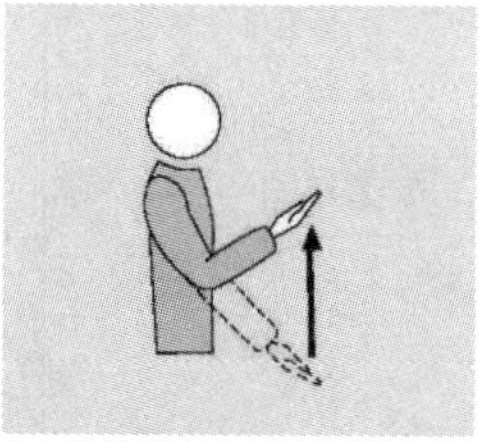
连击： 举起两个手指并分开		四次击球： 举起四个手指并分开	
发球未过网和队员触网： 一手触犯规队一侧球网	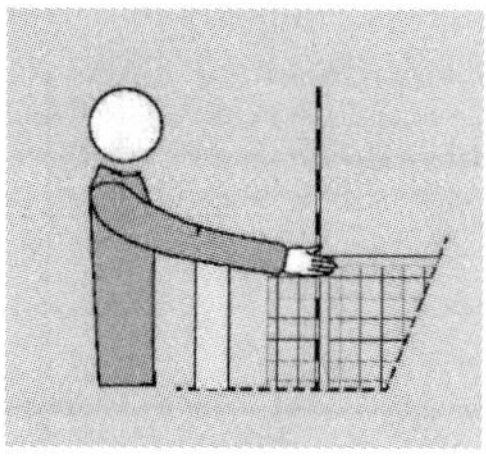	过网击球或过网拦网： 一手掌心向下，前臂置于球网上空	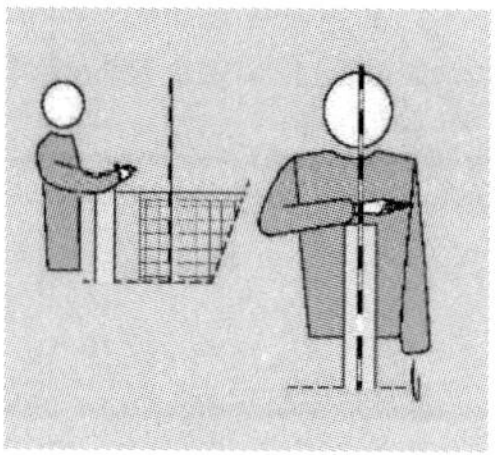
队员进攻性击球犯规或前场区击球犯规： 一臂向上举起，前臂向下摆动	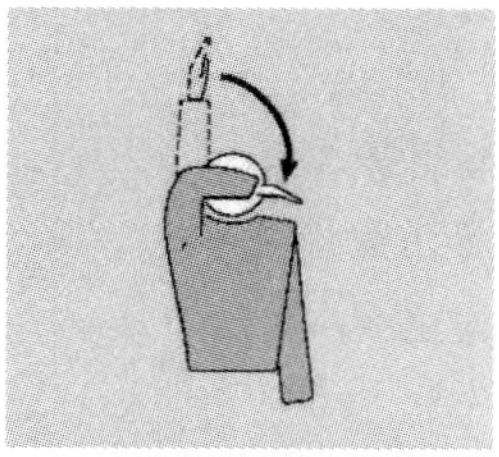	进入对方场区或球从网下通过： 手指指向中线	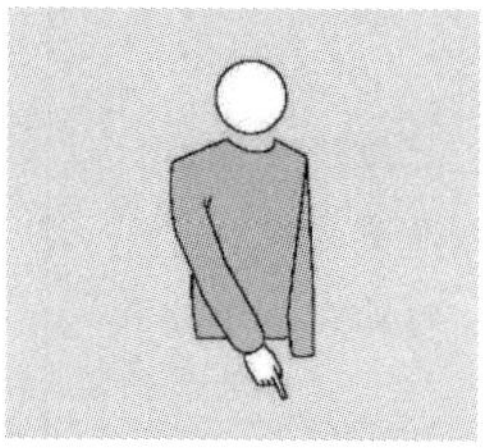

续表

表明的性质	裁判员手势	表明的性质	裁判员手势
双方犯规，重新发球： 两臂屈肘，竖起拇指	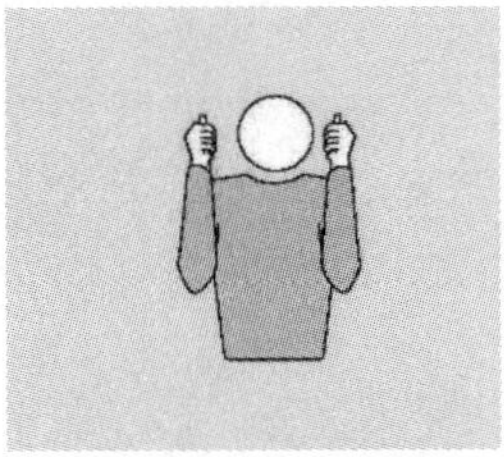	暂停： 一臂屈肘抬起，手指向上；另一手掌放在该手指尖上，然后指明提出请求的队	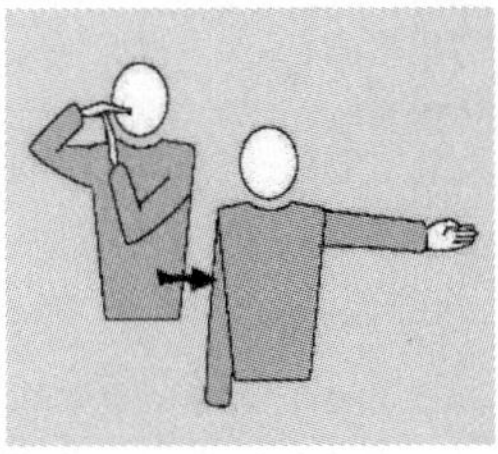
延误警告和判罚： 两臂屈肘举起，一手掌心向后，另一手持黄牌（警告）或红牌（判罚）贴靠其腕部			

附录二　司线员旗示

表明的性质	司线员旗势	表明的性质	司线员旗势
界内球： 向下示旗	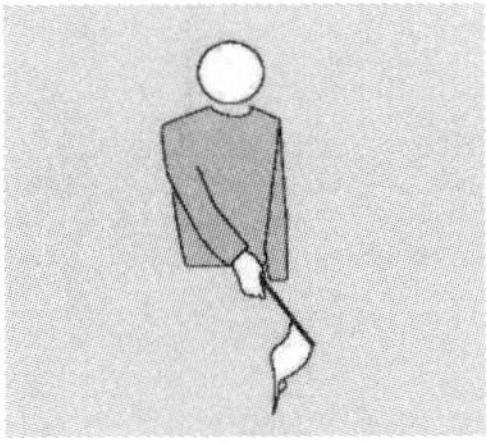	触手出界： 一手举旗，另一手放置在旗顶上	
界外球： 向上示旗	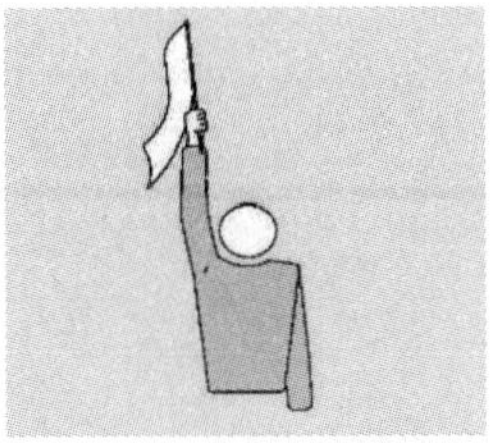	球触标志杆或队员发球时脚的犯规： 一手举旗晃动，另一手指端线或标志杆	
无法判断： 两臂胸前交叉